Dorothee Sölle:
Es muß doch mehr als alles geben

Nachdenken über Gott

Deutscher
Taschenbuch
Verlag

dtv

Von Dorothee Sölle
sind im Deutschen Taschenbuch Verlag erschienen:
Ich will nicht auf tausend Messern gehen (10651)
Und ist noch nicht erschienen, was wir sein werden (10835)
Gott im Müll (30040)
Atheistisch an Gott glauben (30400)

Ungekürzte Ausgabe
August 1995
Deutscher Taschenbuch Verlag GmbH & Co. KG,
München

ISBN 3-455-08459-1
Umschlaggestaltung: Helmut Gebhardt, Klaus Meyer
Umschlagfoto Rückseite: Brigitte Siegfried, Köln
Satz: IBV Satz- und Datentechnik GmbH, Berlin
Druck und Bindung: C. H. Beck'sche Buchdruckerei,
Nördlingen
Printed in Germany · ISBN 3-423-30480-4

Das Buch

»Der christliche Gott ist kein kleiner chinesischer Glücksgott, wie Bertolt Brecht ihn lobte, in dessen Reich es möglich ist, mangel- und leidfrei zu bleiben«, schreibt Dorothee Sölle in ihrem schönen und klaren Buch über die Frage, was für ein Gott der christliche Gott eigentlich sei. Der Lenker, der Mitwisser, der eigentlich Verantwortliche? Der allmächtige liebende, aber zugleich Welten entfernte Gott? Der Herr der Armen, Entrechteten? Gar der »Gott, der auf Blut steht«? Oder der »softe Gott« des New Age? Entlang vielfältiger Alltagserfahrungen – etwa mit einem Berliner Taxifahrer, mit Vertreterinnen der christlichen Frauenbewegung, bei New Yorker Slumbewohnern und bei den Ärmsten in El Salvador – reflektiert die Autorin die Tradition und den heutigen Stand christlichen Selbst- und Gottesverständnisses. Vor allem aus dem Blickwinkel der Befreiungstheologie, aus dem Blickwinkel der Frauen und letztlich aus dem ihrer eigenen Tradition trägt Dorothee Sölle Kritisches und Innovatives zum Thema zusammen und kommt zu dem Schluß, daß Gott heute keineswegs »erledigt« sein muß.

Die Autorin

Dorothee Sölle, geboren 1929 in Köln, studierte klassische Philologie, Philosophie, Germanistik und Theologie und habilitierte sich 1972 an der Kölner Universität. Von 1975 bis 1987 war sie Gastprofessorin am Union Theological Seminary in New York. Sie lebt heute als freie Schriftstellerin und prominente Vertreterin der feministischen Theologie in Hamburg. Zahlreiche Veröffentlichungen, zuletzt: ›Mutanfälle. Texte zum Umdenken‹ (1993).

Inhalt

Erstes Kapitel
Von welchem Gott reden wir eigentlich?

Von Gott reden – das ist, was ich möchte und woran ich immer wieder scheitere. Das ist, was ich seit vielen Jahren versuche, in der Sprache der Frauen, in der Sprache der Rechtlosen und der Beschädigten, in der Sprache meiner Tradition, die ich liebe, die bei Jesaja anfängt und nicht mit dem Mittelalter zu Ende ist. Und es mißlingt mir fast immer, dieses Von-Gott-Reden.

Ich will von einer meiner Niederlagen in dieser Sache erzählen, sie fand auf einer langen Taxifahrt quer durch Berlin statt. Der junge Taxifahrer sah mürrisch drein und schwieg beharrlich. Als im Radio etwas über hohen Militärbesuch aus der Nato nun endlich auch in Berlin kam, kommentierte er höhnisch, das sei genau, was hier gebraucht werde. Ich wollte wissen, ob er – jetzt nach der Wende – hier in Berlin zum Militär müsse, und als habe diese Frage ihm das Herz geöffnet, sprudelte er los, dort brächte ihn keine Regierung mehr hin, er habe drei Jahre bei der NVA herumgesessen, für wen eigentlich, es bliebe sowieso immer alles beim alten, die da oben bereicherten sich, »sie erhöhen sich gerade mal wieder die Diäten«. Die kleinen Leute seien immer und in jedem System die Beschissenen, das sei doch nun klar zutage gekommen. Die da oben hätten nur ein einziges Interesse, nämlich oben zu bleiben, koste es, was es wolle, »sie wollen ja alles zugrunderichten«. Ihnen sei es doch egal, wann das ganze Ding hier in die Luft flöge, das Ozonloch, lange könne das sowieso nicht mehr weitergehen. Der Mensch, »daß ich nicht lache!«, so eine Fehlkonstruktion, es könne ja nicht mehr lange dauern.

Ich versuchte zuerst dazwischenzukommen, es gebe doch auch andere Menschen, die gegen die Ungerechtigkeit und die Vernichtung der Erde aufstünden, aber davon wollte er nichts hören. Ich sagte, ich hätte viele Jahre in der Friedensbewegung gearbeitet, aber das tat er ohne Interesse ab. Ich wies hin auf ein paar junge Leute in der ehemaligen DDR, die ich kenne, die lieber Bausoldaten wurden, als alles mitzumachen, was von oben kam. Aber er, in einer aussichtslosen Welt gefangen, wollte nichts über Entscheidungsfreiheit wissen; mitmachen oder gegen den Strom schwimmen, was denn damit erreicht sei? Sein privates Ergehen, die Frau arbeitslos geworden, das Kind ohne Kindergartenplatz, Mieterhöhung und Rausschmiß aus der Wohnung drohend, war nicht das einzige, was ihm die Welt so verhaßt machte. Ich verdiene ja nicht schlecht, stellte er nüchtern fest, aber die Wut über die Systemähnlichkeit verband sich mit der Apokalypse des Weltuntergangs zu etwas, das man im Mittelalter vielleicht »Gotteshaß« genannt hätte.

Ich versuchte es immer wieder: »Nicht alle Menschen wollen so weitermachen wie bisher, ich habe Freunde, wir alle denken so ähnlich wie Sie, aber wir ziehen eine andere Konsequenz. Wir wehren uns gegen diese Sucht nach mehr Tod.« Aber alles prallte an ihm ab. Mein letzter schüchterner Versuch klang etwa so: »Wissen Sie, ich bin Christin, ich glaube einfach nicht, daß es so gemeint war, hier mit uns, Gott, verstehen Sie, will das nicht.« Er fing an zu lachen, laut und hemmungslos-gehemmt lachte er. Ich mußte aussteigen und fragte ihn noch, was er gewählt habe. »Die D-Mark«, sagte er bitter. Und Ihr Kind? fragte ich plötzlich, als müßte sich doch irgendwo noch ein Stück Gott verstecken. Er zuckte die Schultern.

Ich habe mich gefragt, warum ich diesem Menschen Gott nicht mit-teilen konnte. Warum ich meine Hoffnung, meine Kraft, mein Trotz-alledem und meine Freude nicht weitergeben kann. Da muß doch etwas falsch sein, wenn Gott wirklich Gott ist, dann ist er doch »das Allermitteilsamste«, wie Meister Eckhart sagte. Da brauche ich doch nicht verstummend im Taxi sitzen und mich genieren, so ein großes Wort in den Mund zu nehmen. Ist es denn neuzeitlich unmöglich, über Gott zu sprechen? Weiß denn jeder junge Mensch, der in der DDR aufgewachsen ist, daß das Reden von Gott sinnloses Zeug ist? Und ist es im westlichen Teil Deutschlands anders? Gibt es denn keine verständliche, kommunizierende Sprache für das innerste Geheimnis der Wirklichkeit? Daß uns etwas tröstet und trägt, daß wir nicht allein sind mit unseren Wünschen und unserer Sehnsucht nach einem anderen Leben, wo wir nicht mehr wie Wölfe miteinander umgehen müssen, ist das alles unsagbar geworden?

Das glaube ich eigentlich nicht. Ich mache auch andere Erfahrungen, treffe Menschen, die mir durch ihr Verhalten, ihre Art, mit der Schöpfung und den Nächsten umzugehen, etwas von Gott mitteilen, auch wenn sie das Wort Gott aus begreiflichen Gründen nicht benutzen mögen. Es ist zu besudelt, mißbraucht, verschwätzt, es steht auf jedem Dollar, und da gehört es wohl auch hin. Und doch teilen Menschen mit mir die Gotteskraft, die sie in sich tragen: ihre Wärme, ihre Bereitschaft, Risiken einzugehen, ihre Augen offen für jede Blume, die noch durch den Asphalt wächst.

Ein Grundgedanke der reformatorischen Tradition ist, daß wir immer mit etwas Gott-ähnlichem zu tun haben, entweder mit dem Gott des Lebens oder mit einem Götzen, der so tut, als sei er allmächtig und bestimme alles. Wenn ich über das Gespräch mit dem jungen Taxifahrer nachdenke, so sehe ich den Götzen sehr deutlich vor mir: Er säuft das Blut der Menschen. Er hat sie blind und böse geschaffen, gierig bereichern sie sich, krankhaft rüsten sie auf, taub dem Weinen gegenüber lassen sie Kinder verhungern.

Dem Götzen macht das nichts, er ist das unbegreifliche, unverständliche Schicksal. Es gibt keinen Gott, heißt in dieser Perspektive: Es gibt keine Hoffnung; Gerechtigkeit und Liebe sind sentimentale Illusionen; wir leben unter einem Schicksal, einem Fatum, das mit oder ohne unser Einverständnis abläuft.

Ich will hier eine andere Erfahrung einbringen, die ebenfalls vom Götzen handelt, wenn auch weltanschaulich Orientierung und Umgebung ganz anders sind. Diese Geschichte spielt bei den Armen im glänzenden Manhattan, sie handelt von einem Besuch, den ich zusammen mit einem jungen Pfarrer in einem Haus des sozialen Wohnungsbaus, den es in New York noch bis Ende der siebziger Jahre gegeben hat, gemacht habe.

Zu besuch bei den armen im glänzenden manhattan

In einem neuen haus der stadt
gebaut für die slumbewohner
suchen wir michael
der lift ist wieder ausgefallen
wir gehen elf stockwerke hoch
die graffiti an den Wänden ohne farben
und aggressiv
michael trinkt bier er ist newyorican
lacht er und war in vietnam
lange frag ich und weiß schon
zu lang
er zeigt uns wie sauber die küche

seine frau ist vor drei jahren weggegangen
er zieht drei Kinder auf
ruft sie herein einzeln
läßt sie strammstehen und fragt
wer ist der boß wer
hat zu sagen wer
kommandiert hier liebst du mich
nach vier fragen dürfen sie wieder
spielen gehen

Glaubst du an gott frag ich ihn
wär ich weniger verzweifelt über das was ich sehe
ich müßte nicht fragen
eigentlich nein sozusagen gibt er zurück
ja doch einer muß ja schließlich
kommandieren und der boß sein nicht
einer muß oben sein sagt er
würdest du nochmal nach vietnam gehen
frag ich er ist seit anderthalb jahren
arbeitslos
ich haßte es sagt er aber natürlich
ich würde wieder hingehn wenn nötig
und dein junge will ich wissen
wenn uncle sam ihn braucht dann
wird er gehn
und bruce mein blasser junger baptistenpfarrer
betet mit michael für ihn und für uns alle
daß er arbeit findet und bald sagt er
und ich bete daß er seinen gott verliert
endlich und für immer

Wer ist dieser Gott eines dunkelhäutigen Mannes in Manhattan? Eigentlich glaubt Michael nicht an Gott, er wird sich doch nicht mit den Kirchenfrommen identifizieren!

Aber dann braut er sich doch etwas zusammen, vielleicht aus seinen religiösen Kindheitserinnerungen, aber mehr aus seiner eigenen Lebenserfahrung: Einer muß der Boß sein. Macht, Autorität, Kommando – das sind die wichtigsten Eigenschaften dieses Gottes. Keine Sentimentalitäten, kein Leiden, keine Passion, keine auch nur winzige Erinnerung an das Kind in der Krippe oder den halbverhungerten landlosen Campesino, als den viele Lateinamerikaner den gekreuzigten Christus darstellen. Selten hat mir jemand so klar, so alltäglich, umstandslos von dem falschen Gott gesprochen, dem »Herren, der alles regieret«, dem Männer-Götzen, wie dieser verarmte Vietnam-Veteran. »Einer muß oben sein«, sagt er, und es hat nicht das Geringste mit Gerechtigkeit oder Erbarmen zu tun, es ist auf theistische Weise (und die meisten Amerikaner glauben bekanntlich an etwas, das sie Gott nennen) genau, was sein jüngerer, ebenso verzweifelter Bruder aus Ostberlin ohne höhere Instanz glaubt.

Und doch ist da ein Unterschied zwischen den beiden Geschichten und ein Hinweis darauf, wie die Frage, von welchem Gott wir eigentlich reden, zu beantworten sei. Dieser Unterschied entsteht durch meinen Studenten und Freund, der mich in das Elendsviertel mitgenommen hat. Er versucht nämlich nicht – wie ich im Taxi –, Gott zu bezeugen. Er betet mit den Menschen, die er besucht, und manchmal denke ich, es gibt keine andere Methode. Der Unterschied, den ich meine, besteht in der Veränderung der Ausgangsfrage, sie muß richtig gestellt heißen: *Zu* welchem Gott reden wir eigentlich? Von Gott reden können wir nur, wenn wir zu Gott reden.

Als wir die treppe geschafft hatten
es stank nach tieren pisse und abfällen
humpelt joe uns entgegen

ein alter mann halb so dünn wie ich
er hat in einem frommen buch gelesen
aber schwierige wörter wie kolosser und
beschneidung
kannte er nicht und suchte sie in seiner bibel
seine augen sind schwach
als wir eine weile bei ihm sitzen
hör ich daß er erst vierundvierzig ist
aber drogen und alkohol haben nicht viel
von ihm übriggelassen
er raucht kette und pfeift aus einem weißen
röhrchen
das aus seiner kehle hervorragt

Von seiner großtante in georgia erzählt er
er wär gern bei ihrem begräbnis dort
von den pflanzen spricht er die der gern hätte
ein paar für den frühling und dann eine
die im sommer blüht und dann diese permanenten
die wohnung ist kahl von der leine mitten durchs
zimmer
hängen zwei handtücher die kinder vom haus
seien ihn besuchen gekommen danach
war das radio fort

Falls er wieder trinkt wird es das herz
nicht mehr schaffen falls die
lebensmittelmarken für die ärmsten
abgeschafft werden im interesse einer geordneten
bilanz
wird er nichts mehr essen

Mein student und freund der blasse baptist
betet für ihn und für uns

und gib joe sagt er zu gott was er braucht
und vor allem dein reich

Zu welchem Gott reden wir eigentlich? Auf einer Tagung unterhielt sich eine Gruppe von Frauen über religiöse Fragen. Eine fragte, wo Gott denn in Auschwitz gewesen sei. Eine junge Frau aus dem evangelikalen Lager, die sich als gläubig bezeichnete, antwortete mit dem Satz: »Auschwitz ist von Gott gewollt.« Alle waren entsetzt und wollten wissen, wie sie das meine. »Ganz einfach«, sagte sie, »wenn Er es nicht gewollt hätte, wäre es nicht geschehen. Ohne ihn geschieht nichts.« Der ganz andere Gott hat es so geschickt, wir können es nicht verstehen, müssen es aber in Demut annehmen. Gottes Autorität, seine Herrschaft und Allmacht dürfen nicht angezweifelt werden, nach seiner Allgüte zu fragen steht uns nicht zu. Der Gott, der vollständig unabhängig von seinen Geschöpfen ist, hat alles gewollt, was geschieht. Er und er allein könnte es verhindert haben. Aber seine Wege sind nicht unsere Wege.

Diese Art, über Gott zu reden, klingt fromm, hilft aber niemandem wirklich weiter. Sie verfestigt das hierarchische Denken in Autoritäten und Macht. Sie macht uns zu ohnmächtigen Nichtsen, an deren Leben eigentlich nichts liegt. In Wirklichkeit hat am Leben und Verhalten von Menschen in Deutschland für die Opfer unseres Handelns *alles* gelegen. In Wirklichkeit liegt am Leben und Verhalten der Menschen in der reichen Welt alles, was die Erhaltung dieser Erde angeht. Wir sind beteiligt, wir sind verantwortlich. Tatsächlich ist der Glaube der jungen Fundamentalistin nicht sehr unterschieden von dem apokalyptischen Schicksalsglauben meines Taxifahrers. In beiden Denkarten ist unsere Rolle als Opfer einer undurchschaubaren Großmaschine die gleiche. Was bei dem Taxifahrer

Frust und Wut auslöst, wird von ihr in Ergebenheit in das Unbegreifliche angenommen. Unterwerfung ohne Mitbestimmung ist beiden gemeinsam. Beide sind auf Macht fixiert und können sie nicht als geteilte Macht, die wir auch Liebe nennen können, denken. Für die junge Frau ist Gott der souveräne Herrscher, der, wenn er gewollt hätte, von oben eingegriffen hätte. Da er nicht eingriff, muß er es gewollt haben. Das Wichtigste an Gott ist seine Macht.

Mich erinnert diese Art, über Gott zu reden, an einen frechen Song aus Wien, in dem ein junger Mann aus reichem Hause allen möglichen Unfug zum Schaden anderer treibt und im Refrain dann beruhigend singt: »Papa wird's schoa richtn«. Manche Gläubige sind nie über diese kindische Gottesvorstellung hinausgekommen, sie haben nie gelernt, selber Verantwortung zu übernehmen. Ihre Beziehung zu Gott bleibt kindisch, sie wollen nicht Freunde Gottes werden, sondern Untergebene und Abhängige bleiben.

Aber müssen wir wirklich so reden? Er ist mächtig, wir ohnmächtig – ist das alles? Vor einigen Jahren hatte ich in der Nähe von Hamburg ein Treffen in einer Kirchengemeinde, in dem wir uns an die Kristallnacht von 1938 erinnerten. Dort tauchte eine Frau auf, die sich als Außenstehende einführte. Sie erzählte, sie habe sich jahrelang mit dem jüdisch-christlichen Problem herumgeschlagen, weil sie wissen wollte, wie es zur Shoah, zur Vernichtung der europäischen Juden, gekommen sei. Sie beendete ihren Beitrag mit den Worten: »Als ich Auschwitz verstanden hatte, schloß ich mich der Friedensbewegung an.« In dieser Aussage fand ich einen anderen Gott als den omnipotenten Herren des Himmels und der Erden, der vollständig unabhängig von uns ist. Diese Frau hatte verstanden, daß Gott in der Nazizeit in Deutschland klein und schwach war. Gott war tatsächlich machtlos, weil er keine

Freundinnen und Freunde hatte, Gottes Geist hatte keine Wohnung, Gottes Sonne, die der Gerechtigkeit, schien nicht. Der Gott, der Menschen braucht, um zu sein, war ein Nichts.

Diese Frau sah nicht zum Himmel auf, um sich von einem allmächtigen Vater trösten zu lassen. Sie sah nach innen und um sich herum. Sie fand »das von Gott«, wie die Quäker oft sagen, in sich selber, die Kraft zum Widerstand, den Mut für ein klares Nein in einer Welt, die betrunken ist vom Blut der Unschuldigen. Und sie fand eine andere Gabe des Geistes, die Hilfe anderer Geschwister. Sie war nicht allein. Sie unterwarf sich nicht einem Gott, der fälschlich als Schicksal verstanden wird. Sie dachte auch nicht daran, ohne Gott und in vollständiger Anpassung an die Werte dieser Welt – Karriere, Ansehen, Einkommen – zu leben. Sie hielt statt dessen an dem Gott fest, der als die Kraft der Befreiung in uns ist. Ihr Gott war klein, war eine Minderheit, war lächerlich, politisch verdächtig und unter pragmatischem Gesichtspunkt ohne Erfolg. Praktisch gesprochen ist Gott für die übergroße Mehrzahl irrelevant, und zwar gerade wegen seines Nicht-Eingreifens. Aber Gott ist (um einen Ausdruck amerikanischer Theologen zu gebrauchen) kein »Interventionist«, der intervenierend eingreift, sondern ein »Intentionist«, der seinen Willen und seine Intention erkennbar macht. Ich könnte auch einfach sagen: Gott träumt uns, auch heute.

Aber, so höre ich einwenden, über Gott zu reden, hat das nicht nur dann Sinn, wenn Gott irgendeine Macht verkörpert? Wenn sich etwas in unserem Leben verändert durch Gott und mit Gott? Wer ist dieser Gott, der eine Frau dazu gebracht hat, Auschwitz nicht auf sich beruhen zu lassen, das Schicksal nicht Schicksal sein zu lassen, dem ordinären Fatalismus der Unterwerfung unter die Wölfe, die am lautesten heulen, nicht stattzugeben? Hat denn solch ein Gott irgendeine Macht, oder ist diese Art Gottheit im Angesicht der Gewalt, die uns beherrscht, so machtlos wie irgendein Kind in Bethlehem? Ich denke, diese Frage, ob Gott der ist, der alles in der Hand hat, eingreifen kann, oder ob Gott klein ist unter der Gewalt dieser Welt, kann nicht rational entschieden werden, wohl aber existentiell. »Als ich Auschwitz begriffen hatte, schloß ich mich der Friedensbewegung an.« Ich wurde nicht Gott los, wie viele, die ihm die Verantwortung allein übertragen hatten, ich begriff vielmehr, daß Gott uns braucht, um das, was in der Schöpfung gemeint war, zu realisieren. Gott träumt uns, und wir sollen ihn nicht allein träumen lassen. In einem lateinamerikanischen Lied heißt es:

> Eines Tages wird die Erde allen Menschen gehören
> und die Menschen werden frei sein,
> so wie du Gott es gewollt hast,
> von Anfang an.

Dieses Lied spricht *zu* Gott, nicht *über* ihn. Es befreit uns von dem Schicksalsgötzen, in dessen Macht alles kommt, wie es eben kommt. Es verbündet uns mit einem Gott, der nicht der allmächtige Sieger ist, sondern auf der Seite der Armen und Benachteiligten steht. Ein Gott, der immer noch versteckt ist in der Welt und sichtbar werden will.

Nichts kann uns scheiden von der Liebe Gottes, heißt es im Römerbrief (8,35 f). Diese tiefste Gewißheit erfahren wir nicht, wenn wir uns wie Kinder in den Mantel Gottes wickeln wollen und dann beim Erwachsenwerden glauben, ihn nicht mehr zu benötigen. Es ist zu kalt auf der Welt, als daß wir meinen könnten, es ließe sich ohne diesen Mantel leben. Die Gnade wärmt uns, aber sie hilft uns zugleich, am Mantel Gottes mitzustricken.

Zweites Kapitel
Bilder machen, Bilder stürzen

Die abendländische Tradition kennt eine Reihe von Gottesvorstellungen andromorpher Art wie König und Herrscher, Richter und Herr, Hirte und Vater. (Der in der Religionswissenschaft übliche Ausdruck »anthropomorph« setzt die übliche Verwechslung des Menschen mit dem Mann voraus!) Alle diese Vorstellungen von der Gottheit sind zu verstehen vor dem Hintergrund einer die christliche Tradition bis heute durchziehenden Spannung zwischen zwei Polen, die sich auf die menschliche Fähigkeit zur Vor-stellung, die religiöse Bildkraft selbst bezieht, die Spannung zwischen Bilderverehrung und Bilderverbot.

Auf der einen Seite sind Bilder Dramatisierungen des Lebens, expressive Darstellungen unserer Wünsche und Ängste. Ohne eine Ausbilderung des Lebens können wir »Sinn« nicht erfahren. Hoffnung kommt nicht mit dem Argument aus. Wir brauchen eine Sprache, die mehr sagt, als sich empirisch rechtfertigen läßt. Der Vater im Himmel, Vater aller Waisen, Vater aller, deren empirischer Vater sich längst davongemacht hat, ist ein Bild der Sehnsucht danach, irgendwo Recht und Heimat zu finden. Es sind ja die Entrechteten, zum Beispiel Witwen in einer patriarchal bestimmten Rechtsstruktur, es sind ja die Obdachlosen, die einen Ort, wo man sie nicht davonjagen kann, brauchen. »Home is«, schrieb William Faulkner, »where they have to take you in.« Das ist die produktive, tröstend-befreiende Funktion des Vaterbildes.

Für diese Heimat aller Menschen steht der himmlische Vater. Schwarze Sklaven haben gesungen:

> Oh, when I get to heaven, I'll walk all about
> There's nobody there for to turn me out.

Bilder wie das des Vaters werden gebraucht, geliebt und verehrt am meisten von denen, die überall herausgeworfen werden und nirgends frei herumlaufen dürfen. Ich erinnere an diesen Gott der Schwarzen, der Freiraum, Schutz und Würde verspricht, weil in der weißen Mittelstandskultur der Vater vielfach ganz anders – etwa als der große Polizist, der alles sieht und alles weiß – gedeutet wird und andere Erfahrungen kaum zum Zuge kommen. In den religiösen Traditionen der Armen werden Bilder des Trostes tradiert, von der Großmutter an die Enkelin gegeben. Sie werden auch aufgeschrieben, exegetisiert, der theologischen Reflexion unterworfen. Vor allem aber werden sie in hierarchische Machtstrukturen eingepaßt und für Macht instrumentalisiert. Ihre innere Kraft aber scheint mir nicht aus dem, was die Aufklärung gern »Priestertrug« nannte, zu stammen, sondern aus dem Bedürfnis derer, die schon immer um Glück, Recht, Ehre betrogen waren. Gerade sie brauchen Bilder.

Auf der anderen Seite kennen jedenfalls die drei großen monotheistischen Religionen das Verbot, sich Bilder vom Göttlichen zu machen. Im Islam gilt dieses Bilderverbot absolut, nur in Teppichen, die mit Füßen betreten werden, dürfen Bilder auftauchen. Im Judentum ist das Innere des Tempels leer, ein Schrein ohne Inhalt, keine Statue, keine Reliquien. Die ikonoklastische Tradition gehört in den ältesten Bestand der Hebräischen Bibel. »Du sollst dir kein Gottesbild machen, keinerlei Abbild, weder dessen, was oben im Himmel, noch dessen, was unter den Wassern unter der Erde ist; du solltest sie nicht anbeten und ihnen nicht dienen; denn ich, der Herr, dein Gott, bin ein eifersüchtiger Gott...« (Exodus 20,4 vgl. Deuteronium 27,15). Alle Vorstellungen von Gott, alle Bilder dessen, den kein Auge je gesehen, kein Ohr je gehört hat, werden immer wieder abgewiesen, wie die Geschichte vom goldenen Kalb bezeugt.

Diese Tradition des Bilderverbots ist im Christentum abgeschwächt und gemildert worden; sie bricht aber an bestimmten Punkten der Kirchengeschichte immer wieder und mit religiöser, eben bilderstürmerischer Inbrunst hervor. 726 hat der byzantinische Kaiser Leo III., genannt der Isaurier, einen Kampf gegen die Bilderverehrer begonnen. Kirchliche Tradition, Frömmigkeit, Kunst, selbst die gelehrte Theologie mit Johannes von Damaskus standen in diesem Streit auf der Seite der Mönche, die von den Bildern lebten, und des Volkes, das sich die Bilder nicht nehmen lassen wollte. Diese Auseinandersetzung zwischen den εικονολάτραι oder εικονοδοῦλοι, den Bilderverehrern, und dem Kaiser und seinem Herrn, den Bilderstürmern, εικονοκλάσται, ist in der Folgezeit, etwa in der Reformation, öfter wieder aufgeflammt. Die bilderverehrende, bilderfreundliche Tendenz geht oft vom Volk aus, während aufgeklärte Vernunft oder religiöse Intensität eher ikonoklastisch sind. Diese verschiedenen Ursprünge der Kritik an bestimmten Gottesvorstellungen gilt es auch für die Gegenwart im Auge zu behalten: Feministische Theologie ist der deutlichste gegenwärtige Ausdruck des Kampfes gegen die Ideologie des Patriarchats – um der größeren Gottheit willen. »Darum bitt ich Gott«, so Meister Eckhart, »daß er mich quit mache Gottes.« Das ist eine Bitte um Befreiung aus dem Gefängnis einer Sprache, die zu klein ist für Gott; heute eine Bitte um Befreiung von dem Gott, der nicht mehr ist als ein Vater.

Vielleicht ist kein Bild Gottes so zweideutig wie das des Vaters, so mißbrauchbar für autoritäre Religion, so fixierbar auf Gehorsam und Unterwerfung. Autoritäre Religion im Sinne Erich Fromms ist durch drei strukturelle Elemente charakterisiert:

- Anerkennung einer höheren Macht, die unser Schicksal in Händen hat und Selbstbestimmung ausschließt;
- Unterwerfung unter die Herrschaft dieser Macht, die keine sittliche Legitimation etwa in Liebe und Gerechtigkeit braucht;
- ein tiefer Pessimismus hinsichtlich des Menschen: Er/sie ist nicht wahrheits- und liebesfähig, sondern ein macht- und bedeutungsloses Wesen, dessen Gehorsam sich gerade aus der Verleugnung der eigenen Stärke speist.[1]

Die Haupttugend der autoritären Religion ist Gehorsam, die Kardinalsünde Auflehnung, im Gegensatz zu humanitärer Religion, die Selbstverwirklichung und Selbstverfehlung in den Mittelpunkt rückt.

Von diesem Typus der autoritären Religion ist der der humanitären zu unterscheiden. Die jüdischen Propheten, der historische Jesus, der frühe Buddhismus, die Mystiker der meisten Religionen sind Beispiele einer nicht-repressiven Religion, die nicht auf einseitiger, asymmetrischer Abhängigkeit beruht und sich durch verinnerlichten Zwang verwirklicht. Genau an dieser Stelle setzen die sozialpsychologischen Fragen nach dem Symbol des Vaters ein. Was bedeutet das Vaterbild innerhalb dieser Unterscheidung? Welche Beziehung zum Göttlichen drückt es aus?

Meine Beschäftigung mit dieser Frage hat mich den Abgrund, der zwischen der biblischen Überlieferung und der Korruptionsgeschichte des Christentums besteht, neu sehen gelehrt. Gemessen an der Rolle des Vaters in unseren gegenwärtigen Gottesvergiftungen ist die Zurückhaltung der Hebräischen Bibel mit der Bezeichnung Gottes als Vater erstaunlich. Die Exodusüberlieferung, die den Schmelztiegel der ersten biblischen Gottesvorstellung bildet, kommt ohne Vater aus, genauso wie die Schöpfungsberichte. Der »Gott unserer Väter« war früher als Gott, der Vater. Die Vision am brennenden Dornbusch, in der Gott sich den Namen »Ich-bin-der-ich-bin« gibt, vermittelt keine Vatertheologie. »Diese Offenbarung des Namens«, so Paul Ricoeur, »bedeutet die Auflösung aller anthropomorphen Vorstellungen, aller Gestalten und Gestaltungen, mithin auch der Gestalt des Vaters. Der Name steht gegen das Idol.«[2]

Es gibt nur etwa zwanzig Stellen in der Hebräischen Bibel, an denen Gott als Vater bezeichnet wird.[3] Der Vatername taucht auf innerhalb der prophetischen Botschaft, bei Hosea, Jeremia und im dritten Jesajabuch, und immer im Kontext der prophetisch verstandenen Zukunft einer neuen Schöpfung. »Ich hatte gedacht: Wie will ich dich setzen an Sohnes Statt und dir ein liebliches Land geben, das allerherrlichste Erbe unter den Völkern! Und ich meinte, du würdest mich Vater nennen, von mir dich nicht abwenden« (Jeremia 3,19). Es geht hier nicht um Ursprung, sondern um die neue Schöpfung, in der das Volk nicht mehr von Gott getrennt sein wird. »Nur wer diese Wendung (vom Ursprung zur Eschatologie, D. S.) mitvollzieht, erkennt und anerkennt den Vater wirklich.«[4] Den Vater anzuerkennen heißt nicht, den mythischen Ursprung des Volkes zu verklären, sondern das kommende Reich, da »Gerechtigkeit und Friede sich küssen« (Psalm 85,11) zu suchen. Gerade weil der Ursprungsmythos »Vater« sich an der prophetischen Botschaft bricht, ähnlich wie die Ursprungssymbole »Land«, »Volk«, darum enthält die biblische Tradition potentiell die Möglichkeit, auch die patriarchale religiöse Ordnung, die die Frau von der Beziehung zum Heiligen ausschließt, radikal zu kritisieren: Sie ist Götzendienst, Idolatrie.

Diese Linie setzt sich bis in die synoptischen Evangelien fort: Das Reich Gottes, nicht der himmlische Vater, ist die zentrale Botschaft. Jesus steht in der Tradition der von den Propheten verkündeten Ökonomie der Gerechtigkeit, darum ist das Vaterbild vom Reich Gottes aus zu deuten, nicht umgekehrt, gegen alle autoritäre bzw. sentimentale Religion, die die Autorität des Vaters benutzt, um die Gerechtigkeit zu einem machtlosen Traum zu degradieren. »Unser Vater in den Himmeln« ist eben nicht einer von Fleisch und Blut, sondern die Gottesgestalt, die von der Bitte um das kommende Reich her gedacht wird. Wenn Gott in der Bibel der Befreier aus ägyptischer Sklaverei und römischer Todespolitik ist, wenn der Exodus des Volkes Israel und die Auferstehung des Jesus von Nazareth die zentralen, erinnerten und wieder eingeübten Grunderfahrungen des Glaubens sind, dann sind von hier aus die gegenwärtigen Gotteserfahrungen und Gottesvergiftungen zu befragen: Welchen Ort sollte denn der verinnerlichte Aufseher, der nie schlafende Polizist, der alles kontrollierende Machthaber haben? Gott kann in der Bibel »Vater« genannt werden aufgrund all der anderen Gottesvorstellungen, die Gottes Handeln benennen als: Sklaven befreien, Hungrige speisen, Kranke heilen, Feinde abwehren, Entrechteten Recht schaffen.

Jesus, auch hierin ganz Jude, benennt das Verhältnis zwischen den Kindern und dem Vater in der Bergpredigt als eines von Bitten und Schenken: »Oder welcher Mensch ist unter euch, der seinem Sohn, wenn er ihn um ein Brot bittet, einen Stein gäbe, oder auch, wenn er um einen Fisch bittet, ihm eine Schlange gäbe? Wenn nun ihr, die ihr doch böse seid, euren Kindern gute Gaben zu geben wißt, wieviel mehr wird euer Vater in den Himmeln denen Gutes geben, die ihn bitten!« (Matthäus 7,9–11). Bitten und Schenken, in der letzten Konsequenz Sich-selber-Schenken, ist, wie Ricoeur gezeigt hat, weder ein ödipales noch ein Knecht-Herr-Verhältnis. Nicht die Einzigartigkeit der Beziehung zwischen Gott-Vater und seinem eingeborenen Sohn steht hier im Mittelpunkt, sondern die Allgemeinheit Gottes, der sich wie ein Vater (sogar ein böser) gebend, nährend, schenkend verhält zu all seinen Kindern. Es geht dem Sohn nicht darum, dem Vater die Macht, die Lebenskraft zu entreißen, und es ist nicht – wie in der späteren christlichen Deutung mit all ihren sadomasochistischen Implikationen – der Wille des Vaters, den Sohn zu opfern. Der Wille des Vaters ist es, Vater zu sein und Leben zu schenken. Die richtige Beziehung der Kinder zum Vater wird nicht als Gehorsam, Unterwerfung, Brechung des Eigenwillens gedeutet, sondern als ein vertrauendes Bitten, das erhört wird. Bitten und Schenken weist darauf hin, daß auch die Macht Gottes nur dann gute, biophile Macht ist, wenn sie geteilt wird. Der Vater, der, von seiner Macht besessen, über sie wacht, sich nichts nehmen lassen will, mag ein Endprodukt der Sozialisationsgeschichte des Christentums sein – mit dem Gebrauch des Wortes Vater in der Bibel hat er nichts gemein.

Die wichtigsten Anfragen einer entstehenden feministischen Theologie an die herrschende gehen – ikonoklastisch – gegen phallokratische Phantasien an, gegen die Anbetung der Macht. Warum verehren Menschen einen Gott, dessen wichtigste Qualität Macht ist, dessen Interesse Unterwerfung, dessen Angst Gleichberechtigung ist? Ein Wesen, das mit »Herr« angeredet wird, ja dem Macht allein nicht genug ist, seine Theologen müssen ihm Omnipotenz bescheinigen! Warum sollten wir ein Wesen verehren und lieben, das das moralische Niveau der derzeitigen von Männern bestimmten Kultur nicht transzendiert, sondern stabilisiert?

Die Erstarrung einer von ihren Ursprüngen her auf Befreiung angelegten Religion hat unübersehbare Züge der Patriarchalisierung. Die Ursprungsgeschichte mit ihrer Emphase für den befreienden Gott trägt deutliche Merkmale der Gleichheit, ja der Egalisierung von Ungleichverteilung. Die Traditionen des Sabbats und des Sabbatjahrs bis zum Halljahr dienen alle der Befreiung von Menschen, die ins Unglück und dann in die Schuldsklaverei geraten sind, sie egalisieren den Landbesitz neu.

Aber diesen befreiungstheologischen Tendenzen stehen andere hierarchisierende entgegen. Gott wird vermännlicht in einem doppelten Sinn: die matriarchalen Kulte werden ausgerottet, und die »andere« naturbezogene weibliche Seite Gottes tritt zurück. Diese im Christentum extrem gesteigerte Vermännlichung Gottes, wie sie sich in der rein androzentrischen Sprache ausdrückt, geht immer Hand in Hand mit der Vergöttlichung des Mannes.

Ich will diese Kritik im Rahmen meiner eigenen theologischen Biographie erläutern: Meine Schwierigkeiten mit dem großen Machthaber sind an der Erfahrung von Auschwitz entstanden. Es schien mir denkunmöglich, Liebe und Allmacht im Vaterbild festzuhalten. 1965 veröffentlichte ich mein erstes Buch ›Stellvertretung. Ein Kapitel Theologie nach dem Tode Gottes‹.[5] Die dort vertretene Position ist, in der Tradition Bonhoeffers, radikal christozentrisch. Gott selber, Gott als Handelnder und Sprechender kann nicht erfahren werden. Wir können uns halten an den herrschaftsfreien, den machtlosen Christus, der außer seiner Liebe nichts hat, uns zu gewinnen und zu retten. Seine Machtlosigkeit ist eine innere Autorität. Nicht weil er uns erzeugt, geschaffen oder gemacht hat, sind wir sein, sondern weil Liebe seine waffenlose Macht ist, stärker als der Tod.

Die Juden, die, das Sch'ma Israel betend, in die Gaskammer gingen, waren mir ein stärkerer Gottesbeweis als die

Allmachtsspekulation der Theologen, die mir wie die lautstarken Freunde Hiobs erschienen. Sie proklamierten – unabhängig von Auschwitz, als ginge sie das, was dort geschehen war, nichts an – ihren alles beherrschenden, alles regulierenden Gott.

Die Schwierigkeiten mit dem Vater, Erzeuger, Machthaber und Lenker der Geschichte wurde vertieft, als ich genauer verstehen lernte, was es bedeutet, als Frau geboren zu sein, verstümmelt also, und in einer sexistischen Gesellschaft zu leben. Wie könnte ich wollen, daß Macht die zentrale Kategorie meines Lebens wird, wie könnte ich einen Gott verehren, der nicht mehr ist als ein Mann?

In diesem Prozeß ist mir immer klarer geworden, daß jede Identifikation mit dem Aggressor, mit dem Machthaber, mit dem Vergewaltiger das furchtbarste Unglück ist, das einer Frau zustoßen kann. Selbst die mildere Seite dieses Herren, die das Vatersymbol ausdrückt, hat nicht dieselbe Faszination für die, die niemals Vater werden können. Auch die mit Barmherzigkeit versetzte Macht, auch der gütigste Vater ist keine Lösung des Problems. Ein gütiger Sklavenhalter kann von seinen Sklaven geliebt und verehrt werden; weibliche Frömmigkeit ist weithin Uncle Tom-Frömmigkeit gewesen. Aber Unterwerfung unter die als »weiblich« definierten sozialen Rollen und Gehorsam einem Gott gegenüber, der ihre Regeln angeblich naturhaft gesetzt hat, zerstören die weibliche Möglichkeit, Mensch zu werden. Aus der Geschichte meines Volkes und aus dem Sexismus der herrschenden Kultur kann uns ein allmächtiger (und unbiblischer) Vater nicht befreien. Kann das Symbol »Vater« das, was wir mit dem Wort Gott meinen, überhaupt noch repräsentieren?

Wenn man verstanden hat, daß wir über Gott nur symbolisch reden können, so muß jedes Symbol, das sich zum Absoluten aufspreizt, relativiert werden. Wir können nicht ohne Symbole leben, aber wir müssen sie relativieren und ikonoklastisch überholen. Gott transzendiert in der Tat unsere Rede über ihn, aber nur dann, wenn wir ihn nicht mehr in Symbolgefängnisse einsperren. Feministische Theologie bestreitet nicht, daß »Vater« *eine* Art ist, von Gott zu reden, aber wenn sie zur zwanghaft einzigen Art wird, dann wird das Symbol ein Gefängnis Gottes. All die anderen Symbolwörter, die Menschen gebraucht haben, um ihre Gotteserfahrung auszudrücken, werden dann mittels der Zwangssprache zurückgedrängt oder auf eine hierarchisch niedrigere Stufe gedrückt.

Papst Johannes Paul I. hat in einer vielbeachteten Äußerung bemerkt, daß Gott mindestens ebenso Mutter wie Vater sei. Praktisch-religiös sind wir noch weit hinter dieser Relativierung symbolischer Sprache zurück. Nach einem Gottesdienst, den wir mit »Im Namen des Vaters und der Mutter, des Sohnes und des Geistes« begannen, gab es eine erregte Diskussion, ob man so reden dürfe. Die Veränderung liturgischer, geheiligter Sprache ist ein Schritt aus dem Gefängnis und wird daher als Bedrohung erlebt. Als Segen sprachen vier Frauen gemeinsam: »Gott segne dich und behüte dich. Sie lasse ihr Angesicht leuchten über dir. Sie gebe dir Frieden.«[6]

Das sind Beispiele tastender Versuche, die heute überall gemacht werden, wo Frauen sich ihrer Lage bewußt geworden sind. Der Wunsch nach einer anderen Gottesvorstellung, anderen Symbolen und anderen Hoffnungen ist wichtig für die, die einen anderen Gott brauchen, weil sie von der Kultur, in der wir leben, beleidigt, erniedrigt und angewidert sind.

Die Relativierung eines absolut gebrauchten Gottessymboles, wie es »Vater« darstellt, ist in diesem Kontext eine Minimalforderung. Es gibt andere Symbole für Gott, wir können Mutter oder Schwester zu ihr sagen, um im familialistischen Sprachgebrauch zu bleiben. Deutlicher noch scheinen mir allerdings die naturhaften Symbole in ihrer nicht autoritären Qualität. Herrschaftsfreie theologische Sprache wird an mystische Tradition anknüpfen können. »Brunnquell aller Güter«, »lebendiger Wind«, »Wasser des Lebens«, »Licht« sind Gottessymbole ohne Autorität oder Macht, ohne chauvinistischen Beigeschmack.

Die Anerkennung der »höheren Macht«, die Anbetung von Herrschaft, die Verleugnung der eigenen Stärke hat in mystischer Frömmigkeit keinen Raum. Die Herr-Knecht-Beziehung wurde in der Mystik oft ausdrücklich kritisiert, vor allem aber sprachschöpferisch überholt. Religion ist hier Empfindung des Einsseins mit dem Ganzen, Zusammengehörigkeit, nicht Unterwerfung. Menschen verehren Gott nicht wegen seiner Macht und Herrschaft, sondern »versenken« sich in seiner Liebe, die »Grund« ist, »Tiefe«, »Meer«. Mutter- und Natursymbole werden bevorzugt, wo die Beziehung zu Gott nicht Gehorsam, sondern Einigung verlangt, wo nicht ein distanziertes Gegenüber Opfer und Selbstaufgabe fordert, wohl aber Übereinstimmung, Einssein mit dem Lebendigen zum Thema der Religion wird. Solidarität als die wichtigste Tugend wird dann den Gehorsam ablösen.

Gibt es Elemente im Vatersymbol für Gott, die für eine befreiende Theologie unverzichtbar sind? Hat die personalistische Rede von Gott einen Vorrang vor anderen möglichen Symbolen? Ist die Verbindung Gott-Vater unauflöslich? Brauchen wir ein als »Vater« ausgelegtes Du als das Gegenüber des Menschen?

In der patriarchalischen Kultur repräsentiert der Vater die Abhängigkeit des Individuums. Sie ist biologisch gegeben, in der Tatsache des Erzeugtseins und der langen Abhängigkeit des Menschenjungen, das versorgt und beschützt werden muß. Aber rechtfertigt unsere lange Kindheit eine religiöse Sprache, die sich wesentlich am Eltern-Kind-Verhältnis orientiert? Und hat nicht die Verdrängung der Mutter aus dieser Beziehung – als sei es der Vater, und er allein, der Entstehen/Erzeugen und Überleben gewähre – das autoritäre Element noch weiter verschärft?

Das Bild des Vaters in agrarisch-patriarchalen Kulturen ist an den Funktionen des Hausherrn orientiert, der bestimmte rechtliche, religiöse, pädagogische und ökonomische Macht darstellt. Er ist Richter, Priester, Lehrer, und er verfügt über die Produktionsmittel. Wenn die Anhäufung biologisch-soziologischer Machtrollen arbeitsteilig zerfällt und zunehmend einer unverständlichen Vergangenheit angehört, so wird auch ihre religiöse Überhöhung fundamentlos. Hat das Vaterbild überhaupt noch eine befreiende Funktion?

Eine zentrale Frage jeder feministischen, philosophischen und theologischen Diskussion ist die nach dem Verhältnis der Abhängigkeit und Unabhängigkeit von Frauen. Ist Unabhängigkeit ein Befreiungswort, ein zentraler Wert, den Frauen für sich entdecken, oder gibt es Abhängigkeiten, die nicht zu verleugnen sind? Ist es gut, sich emotional unabhängig zu machen, oder kommen wir damit nur so weit wie die Männer mit ihren oberflächlichen Bindungen, die die ideologisierte Unabhängigkeit des männlichen Helden nicht antasten dürfen? Was bedeutet es, anthropologisch, abhängig zu sein? Und was bedeutet es für unser Verhältnis zur Natur, zur Arbeit, in der Gesellschaft? Das Feld dieser innerfeministischen Diskussion ist auch das Feld theologischer Entscheidungen. Ist Abhängigkeit nichts als repressives Erbe, oder gehört sie zu unserem Geschaffensein? Ich tendiere zur zweiten Aussage und habe darum keine Schwierigkeit, an den religiösen Symbolen »Vater« und »Mutter« festzuhalten.

Wir haben uns nicht selber gemacht, entworfen und historisch-geographisch plaziert. Der Zusammenhang unseres Lebens kennt ein Vorher und ein Nachher, zu dem wir in Beziehung stehen bzw. von denen wir uns nicht ohne Schaden lösen können. Wir sind ontologisch nicht allein. Es gibt eine (zu glaubende) Einheit der Welt, eine Ganzheit, ein Ziel. Drückt nicht die Rede von Gott dem Vater der Lebendigen eben dieses Abhängigsein als Verbundenheit, als In-Beziehung-Stehen, aus? In einem der geistlichen Lieder Johann Sebastian Bachs heißt es nach Simon Dach (1605–1659):

Ich bin ja, Herr, in deiner Macht,
du hast mich an das Licht gebracht,
du unterhältst mir auch das Leben,
du kennest meiner Monde Zahl,
weißt, wann ich diesem Jammertal
auch wieder gute Nacht muß geben.
Wo, wie und wann ich sterben soll,
das weißt du, Vater, mehr als wohl.

Am Anfang dieser Strophe wird Gott »Herr« genannt, am Ende »Vater«: Was für ein Prozeß führt von der ersten zur zweiten Vorstellung? Die Macht des Herren, der schließlich »Vater« genannt wird, ist hier genau gefaßt: Es ist zeugende, lebenschaffende, es ist Leben erhaltende und Leben beendende Macht. Unser Geborenwerden und unser Sterben liegt nicht in unseren Händen. Vater zu Gott sagen bedeutet, Leben und Tod nicht einer vitalistischen Zufälligkeit zu überlassen – vom technologischen Zwang ganz zu schweigen. Die Welt als Schöpfung anzusehen heißt, sie als gewollt, entworfen, als »gut« anzusehen. Wenn die Rede von Gott als dem Vater uns dazu hilft, unsere Abhängigkeit nicht nur als zu überwindenden Erdenrest hinzunehmen, sondern sie zu bejahen, unsere Endlichkeit und

Kreatürlichkeit zu akzeptieren, dann ist nichts gegen diese Rede einzuwenden.

Familialistische Gottessymbole, die Rede von Gott unserem Vater und Gott unserer Mutter, können befreienden Charakter haben, nicht weil sie die menschenfeindlichen Unterdrückungszüge des Patriarchats mildern, sondern weil sie uns einbinden in die Natur und in die menschliche Familie. Die Rede von dem Vater Gott wird dann nicht mehr soziologisch ausgebeutet, um Rollenfixierung und falsche Abhängigkeit zu bekräftigen, sie wird nicht benutzt, um uns für ewig zu Kindern zu machen. Sie macht uns vielmehr fähig, dem Leben zu vertrauen, das über unsere eigene Lebenszeit hinausgeht. Sie stiftet Vertrauen auch in den Bruder Tod.

Die hier dargestellte feministische Kritik an der Vorstellung Gottes als Vater bewegt sich innerhalb der christlichen Tradition. Der religiöse Teil der Frauenbewegung »stürzt« gegenwärtig das Bild des Vaters – aber nicht im Interesse eines bilderfreien Raumes ohne religiöse Beziehung. Das Bild vom himmlischen Vater wird vielmehr kritisiert im Sinne tieferer, ernsthafterer Religiosität. Die »Mutter unser im Himmel« und die »Göttin« tauchen auf. Aber die ikonoklastischen Frauen stürzen Gott-Vater nicht um der Illusion der Bilderfreiheit willen.

Andere Feministinnen verstehen sich als postchristlich und begreifen sich selber in einem teils lauten, teils stillen Auszug aus der als hoffnungslos patriarchal angesehenen Tradition.[7] Der »Sturz der Götter«, verstanden als Entmachtung der Väter, sozialgeschichtlich und in der religiösen Repräsentation, wird dabei als ein befreiendes Ereignis geglaubt und befördert.

Für den befreiungstheologischen Feminismus, für den ich hier spreche, ist es fraglich, ob eine vernunftgemäße Kritik an der autoritären Gottesvorstellung, wie sie sich im

Vatersymbol ausdrückt, ausreicht. Ob nicht die realen Götzen, die über uns herrschen, durch die Abschaffung dessen, für den »Vater« ein Bild war, nur bestätigt werden. Ob der Auszug in die Bilderlosigkeit und in das religiöse Verstummen nicht schon in der nächsten traditions»frei« aufwachsenden Generation Leere, Hilflosigkeit und Anpassung hervorrufen wird.

Autorität und Unterwerfung können zwar im Vaterbild religiös sanktioniert werden, aber das sagt nichts über das nackte Weiterbestehen derselben gesellschaftlichen Strukturen in einem post-religiösen Raum. Für das Funktionieren des Industrialismus ist der Abbau patriarchaler Hierarchie heute notwendig, die personale Autorität ist auf die Sachzwänge übergegangen, und die Unterwerfung funktioniert prächtig, auch ohne Vater. Die Vorstellung von einem Schöpfer, Vater und Erhalter des Lebens, das heißt die Auffassung von der Heiligkeit des Lebens, ist heute eher dysfunktional geworden, sie stört möglicherweise den reibungslosen Prozeß der Unterwerfung unter die Technokratie.

Zu Beginn der europäischen Friedensbewegung hat die reformierte Kirche der Niederlande festgestellt, daß die Herstellung, Testung und Lagerung von Atombomben Sünde, nämlich Lästerung von »Vater, Sohn und Geist« sei. Solche winzigen Störfaktoren, wie sie an vielen Stellen der Welt von Kirchen und Synagogen, also von organisierter Religion ausgehen, sind Hoffnungszeichen. Der »Sturz der Götter« macht uns allein noch nicht frei, er ist vielleicht nur eine effizientere Umorganisierung der Mächte und Gewalten, unter denen wir leben, im Schatten zweier Atombomben, die eine für das Ende des Lebens und den nuklearen Winter und die andere gentechnologisch für seinen manipulierten Beginn. Beide Verfahren, Leben zu schaffen und zu beenden, arbeiten an der Rücknahme der

Schöpfung. »To undo creation« ist ihr Ziel.[8] Beide Verfahren entstammen derselben geistigen Struktur, nämlich dem sich die Natur unterwerfenden Patriarchat, das als »Wissenschaft« keine Grenzen kennt und sich den Menschheitsfragen gegenüber neutralistisch verhält. Die gefährlichsten repressiven Züge des alten Gottes – seine Omnipotenz und seine Forderung nach absoluter Unterwerfung – sind auf den neuen Götzen übergegangen, er hat nur bessere Methoden, sie durchzusetzen. Die humanisierenden Züge des Vaterbildes – seine Barmherzigkeit und seine Gerechtigkeit – wurden nicht mitsäkularisiert und gingen, von den Minderheiten des Widerstands abgesehen, verloren.

Warum stürzen die Götter? Wozu, in wessen Interesse? Ist der Computer der bessere Gott? Die Grundlagen der wissenschaftlichen Weltauffassung, ihr technokratischer Imperialismus braucht keine Vatersymbolik mehr, um ihren Rassismus, ihre Frauenfeindlichkeit und ihren totalen Krieg gegen die natürlichen Lebensgrundlagen zu legitimieren.

Die Abschaffung des Gott-Vaters bedeutet noch nicht die Entgötzung des Mannes. Die Vorstellung vom Menschen als zum Bild der Maschine geschaffen und die Ausgrenzung bis zur Vernichtung derer, die sich nicht maschinenmäßig verhalten und verwerten lassen, hat de facto schon gesiegt. Ich vermute, daß die Wissenschaftler in ihrer Mehrzahl weder Auschwitz noch Hiroshima wirklich zur Kenntnis genommen haben. Auf den Sturz der – zweideutigen – Götter folgt die Herrschaft des Moloch. Auf die Vermännlichung Gottes und die Verdrängung der weiblichen Seite Gottes folgt die Vergöttlichung des Mannes – in der Technokratie. »Wir vermögen technisch *alles*«, sagte General Abrahamsson, ein hoher Funktionär des wissenschaftlich-militärischen Komplexes, der für die militärische Nutzung des Weltraums (SDI) zuständig ist.[9] Das ist mehr als die normale Arroganz der Macht, mehr auch als Omnipotenzphantasien.

Das Ende patriarchaler Religiosität, das wir erleben, hat befreienden Charakter nur, wenn es uns in den Widerstand hineinruft. Die Frage an organisierte Religion ist nicht, wieviel Vater noch zu retten ist, sondern wieviel Widerstandskraft wir aus Gott, dem Grund des Lebens, empfangen können, wie lange noch Umkehr möglich ist. Am Ende der patriarchalen Ära der Religion tauchen andere Bilder Gottes unter uns auf.

Einige rabbinische Mystiker meinten über die Zeit des Exils, daß, während der Vater sein Angesicht im Zorn von Israel abgewandt hat, die Schekinah Gottes, seine Einwohnung, dennoch bei seinem Volk blieb. »Die Feier am Sabbat wurde als die mystische Ehegemeinschaft Gottes mit seiner Schekinah betrachtet, die die endgültige Wiedervereinigung Gottes mit der Schöpfung in den messianischen Zeiten vorwegnahm. Die Vertreibung des Volkes aus dem Lande Israel wird als eine Trennung der männlichen Seite Gottes von seiner weiblichen und so als eine Entzweiung in Gott selbst gedacht.«[10] Bei diesen Spekulationen wird die Transzendenz Gottes als männlich und Gottes Immanenz als weiblich empfunden. Vielleicht ist die Schekinah, Gottes Anwesenheit, die das Volk ins Exil begleitet, heute die Gestalt Gottes, die uns am meisten über Gott verrät.

Dieser Text erschien zuerst in: Werner Faulstich/Gunter E. Grimm (Hrsg.), Sturz der Götter? Vaterbilder in Literatur, Medien und Kultur des 20. Jahrhunderts, Frankfurt 1988.

Drittes Kapitel
Feministische Suche nach den Namen Gottes

Das Patriarchat verfehlt in seiner Gottesrede die Transzendenz Gottes, so möchte ich den Stand feministischer Theologie nach einem Vierteljahrhundert zusammenfassen. Wenn Gott nur »er« genannt wird, so ist Gott zu klein gedacht. Das, was eigentlich ausgesagt werden soll, kann in sexistischer, die Hälfte der Menschheit ignorierender Sprache nicht wirklich gesagt werden. Die Auffassung von der natürlichen Unterlegenheit der Frau und die Legitimation ihrer Unterwerfung, die sich theologisch gern als schöpfungsgegebene Unterordnung darstellt, ist auf dem langen Weg der Menschwerdung des Menschen eines der Haupthindernisse, übrigens für beide Geschlechter. »Anatomie ist Schicksal«, sagte Freud ohne Bewußtsein davon, wie die misogyne Substanz dieses Satzes zurückschlägt auf die, die ihn äußern, institutionalisieren und leben; als wäre Freiheit, Ich-Stärke, Humanisierung möglich für nur einen Teil der Menschheit und auf Kosten des anderen, der naturhaft unfrei bleibt.

Ein Zitat aus den Schriften des Kirchenvaters Hieronymus zeigt auf die ideologische Kontinuität hin: »Solange die Frau für Geburt und Kinder lebt, besteht zwischen ihr und dem Manne derselbe Unterschied wie zwischen Leib und Seele; wenn sie aber Christus mehr dienen will als der Welt, wird sie aufhören, Frau zu sein, und ›Mann‹ wird man sie nennen, weil wir wünschen, daß alle vollkommen zum Manne erhoben werden.«[11] Das Verständnis vom Schöpfergott, das sich hier ausspricht, belegt meine Eingangsthese. Gott hat nach dieser Tradition nichts als den Mann geschaffen, und dieses Geschöpf Mann ist unfähig, das Andere zu denken, es sei denn als benutzbares Objekt. Wenn Gott nicht mehr als Mann ist, dann ist der Mann Gott. Sexismus ist Häresie, widerspricht der Schrift (Genesis 1,27; Exodus 2,14) und macht aus Gott den phallischen Götzen. Die Wechselwirkung, die zwischen dem patriarchalen Gottesbild und den männlichen Machtpositionen in Kirche und Gesellschaft besteht, läßt sich heute überall dort beobachten, wo innerhalb organisierter Religion an einem der beiden Pfeiler Vatergott oder Männermacht gerüttelt wird.

So wie für den Menschen ein Name nicht genügt, so führt auch für Gott ein Name, ein familialistisches Symbol etwa, in die Irre. Das Göttliche muß verstanden werden in den Kategorien einer in sich harmonischen und dynamischen Beziehung von Gegensätzen: gegenwärtig und verborgen, mächtig und ohnmächtig, leidend und tröstend, Mutter und Vater, strafend und rettend. Jeder Versuch, Gott nennen zu wollen mit einem exkludierenden Wort und etwa den jesuanischen Vater des Vaterunser zum Garanten veränderungsloser Sprache zu machen, ist ein Anschlag auf den Gott, der somit beherrscht und in das Reich des Verfügbaren eingeordnet wird. »Ich werde sein, die ich sein werde« ist ein Versuch, übersetzend die herrschende Idolatrie zurückzuweisen.

Gott übersteigt Gott, wie die Prozeßtheologen sagen. Wie jeder gute theologische Satz, so hat auch dieser einen kritischen, ausschließenden Sinn und lautet dann: Ein Gott, der Gott nicht übersteigt, ist nicht Gott. Gott, gefangen in einer bestimmten Sprache, definiert durch bestimmte Definitionen, bekannt unter Namen, die bestimmte soziokulturelle Herrschaftsformen etabliert haben, ist nicht Gott, sondern wird eine religiöse Ideologie.

Symbole, wie zum Beispiel das der Omnipotenz Gottes, erzählen mir mehr über die Projektionen und Wünsche der Männer, die sie gebrauchen, als über Gott. Namen können zu Gefängnissen Gottes werden. Ich zum Beispiel höre noch immer Hitler röhren, wenn ich den Ausdruck »der Allmächtige« lese.

Feministische Theologie entsteht, wie jede Befreiungstheologie, aus erfahrener Verwundung; sie wächst aus der Zerstörung, die dem Leben von Frauen angetan wird, sei sie ökonomisch, politisch, sozial, physisch, intellektuell, psychisch zu fassen. Sie macht die Verstümmelungen sichtbar. Sie entsteht unter Frauen, die ihre Lage wahrnehmen und gemeinsame Schritte zur Veränderung tun, ausbrechend aus den Konventionen und Formen der herrschenden Theologie und ihrem Arrangement mit der Macht. Das Arrangement, das da getroffen wird, hält kulturell eine Aufgabe für die Kirchen bereit, die ihrem Auftrag und ihrer Tradition widerspricht: Sie sollen die Opfer unserer Situation unsichtbar machen, und wenn dies unmöglich ist, so sollen zumindest die Ursachen des Elends schicksalhaft-undeutlich bleiben. Die Verkündiger dürfen von Maria und Joseph erzählen, aber die Obdachlosen in unseren eigenen Städten nicht genau kennen. Sie legen die Geschichte vom Gichtbrüchigen und seinen Freunden aus, aber ob Aidskranke auch Freunde haben, wissen sie nicht. Sie erwähnen »die Hungernden«, aber die Feminisierung der Armut bleibt außerhalb ihres Horizonts.

Angesichts des realen Leidens von Frauen nimmt sich die Theologie und Frömmigkeitspraxis der Kirchen merkwürdig blind und ahnungslos aus. Unter den feministischen Frauen, die von der Verwundung aus zu denken begonnen haben, breitet sich ein Erschrecken aus über die gemütsfreie Abstraktion männlicher Theologie, eine Langeweile an von Erfahrung und Praxis abgelöster Exegese, ein Ekel über die geistlose Männerwirtschaft innerhalb der Institution. »Darum bitte ich Gott«, so Meister Eckhart, »daß er mich quit mache Gottes.« Das ist keine Ketzerei, sondern die Bitte um Befreiung aus dem Gefängnis einer Sprache, die zu klein ist für Gott. Darum bitte ich Gott, meine Mutter, so verstehe ich Eckhart heute, daß sie mich quit mache des Männergottes.

Es geht mir also um mehr als um die »weiblichen Anteile in Gott«, die aufgeklärtere Männer heute zuzugestehen bereit sind. Diese Rede stört mich, als sei Gott an sich und vor allem männlich und als müsse nun als Zugabe das versteckt gehaltene Weibliche in »ihm« herausgearbeitet werden! Nach diesem Denkmuster steckt das Weibliche in Gott wie das Kind bekanntlich im Manne. Aber es genügt nicht, das noch unbekannte Weibliche im altbekannten männlichen Gott entdecken zu wollen; die feministische Kritik ist im Rahmen solcher Dekonstruktion noch nicht weit genug gegangen. Müßten wir nicht mit gleichem Recht die negroiden Anteile in Gott, das Jugendliche in Gott entdecken, um den alten weißen Mann im Himmel endlich loszuwerden? Unsere innere Schwierigkeit liegt nicht in den mehr oder weniger falschen Bildern von Gott, die uns überkommen sind, und wir können die geistlose Verlassenheit, in der wir leben, nicht dadurch überwinden, daß wir Göttinnenstatuen, Bilder des Matriarchats in den leer gewordenen Tempeln aufstellen. Nicht an Bildern fehlt es uns, sondern an benennbarer Erfahrung Gottes. Wir sind, im Zwangskorsett männlicher autoritärer Sprache gefangen, unfähig gemacht worden, das Geheimnis des Lebens, das wir Gott nennen, als Erfahrenes zu benennen.

Ich meine also nicht, daß Menschen heute Gott weniger erfahren als in früheren Zeiten; Gottes Präsenz und Gottes Abwesenheit sind im Jubel und in der Verzweiflung, und manchmal gar in der rätselhaften Vermischung beider, auch uns gegeben. Das Leben selber ist von dieser Qualität, die wir Gott nennen, so durchdrungen, daß wir gar nicht umhin können, von ihr zu zehren und nach ihr zu hungern. Nur wissen wir das oft nicht, weil wir sprachunfähig gemacht worden sind. Wir wagen nicht, das, was in der Tat »Gotteserfahrung« genannt zu werden verdiente, mit dem Gott der von Männern verwalteten Religion in Beziehung zu setzen. Sie haben so lange geredet, die Priester und Theologen, bis wir stumm wurden. Sie haben Gott in Bibel und Liturgie eingesperrt, statt Bibel und Liturgie als Brillen zum Verständnis unseres Alltags zu brauchen.

Während in Wirklichkeit Gott an vielen Stellen unseres Lebens präsent und erkennbar ist, fehlt uns Sprache, Gott zu nennen. Die Trivialisierungsmacht, die gerade Frauen beschädigt, redet uns ein, was wir erfahren, sei doch »nichts als« technologische Notwendigkeit, die Folge von Ursachen, die außerhalb unserer Kontrolle sind, emotionale Überspannungen usw. Dieses besserwisserische und stumpfe »nichts als« verkleinert Geist, Empfindung und Phantasie von Frauen. Wir werden eingeübt, den Alltag zu trivialisieren, statt ihn zu heiligen. Nichts, was uns selber angeht, ist vor der Trivialisierung geschützt. Zugleich drückt das emphaselose »nichts als« einen Verlust an Selbstachtung aus. Daß wir als normale, zum Beispiel menstruierende oder alternde Frauen gemeint sind, wenn im Evangelium von der blutflüssigen und der verkrümmten Frau die Rede ist, ist unbekannt. Der religiös fetischisierte Gott-von-oben hat unser Leben als mit Gott Verbundenes verstümmelt.

Ich denke jetzt an den Bericht einer jungen Frau über die Ereignisse in Greenham Common. Während sie sprach, sah ich im Scheinwerferlicht die Gesichter der waffenlosen Frauen vor mir. Aber genaugenommen sah ich Gottes Angesicht, von dem die Bibel spricht, in ihnen leuchten. Ich habe später einen Text mit dem Titel ›Was Maria erzählt‹ geschrieben:

Zwei Kreise in Greenham Common
ein strahlend heller innen
da wurden die Silos gebaut
und die Hunde trainiert
und die Maschinengewehre fertiggemacht
und außen im Dunkeln
standen vierzigtausend Frauen
Sie hatten Briefe geschrieben

die hingen am Zaun
eine Hebamme heftete ihr Zeugnis an
weil sie Leben hervorbringen hilft
darum bleibt sie hier stehen
vor den Bunkern der Macht
und die scharfgemachten Hunde
jaulen im Scheinwerferlicht

Diese Liturgien des Widerstands
wie Mose am brennenden Busch
stehn wir vor Zäunen und Mauern
nein, ich hab nicht nur aus Angst geweint
aus Scham und Trauer
es war das nackte Leben
unser verwundbares kurzes Leben
nackt und sichtbar endlich

Auch das ist ein Text über Gott, aber wahrscheinlich würde das Wort »Gott« weiter von Gott wegführen, weil es von der Sprache des Patriarchats und seiner Anbetung der Macht besetzt ist. Im Rahmen dieser Besetzung können auch Bibel und Liturgie das nicht mehr tun, wozu sie da sind, nämlich das Geheimnis Gottes auch *pro nobis* sichtbar zu machen. Die herrschende Theologie hat beiden eine autoritäre Unnahbarkeit verliehen, so daß die Menschen ihre tiefsten Erfahrungen nicht mehr in der Gottessprache ausdrücken können und sie nicht mit andern teilen können. Ohne Gestalt, ohne Sprache gehen die Erfahrungen ein, sie werden nicht angeeignet. Sprache bildet ja nicht nur ab – was ist, sondern stellt im Bewußtsein das Erfahrene wieder her. In diesem Sinn ist gelingende Gottessprache ein ständiges Anklopfen an die Tür der Erinnerung, sie sagt: weißt du nicht mehr... erinnere dich doch... es war doch auch bei dir so. Zugleich ist sie eine Deutung der Realität, auf die wir nicht verzichten können. Eine emphatische Deutung, die uns vor der Selbsttrivialisierung schützt. Die zum Bewußtsein ihrer Kraft gekommenen Frauen innerhalb der Friedens- oder anderer Befreiungsbewegungen würden trivialisierende Benennungen wie »Ich als einzelne kann sowieso nichts machen« nicht mehr ertragen, sie wissen, daß sie Trägerinnen des Lebens sind. »Wir wissen, daß wir aus dem Tod in das Leben gekommen sind, denn wir lieben die Geschwister« (1. Johannes 3,14). Diesen Satz aus dem 1. Johannesbrief artikuliert die Erfahrung christlicher Minderheiten des Widerstands, damals wie heute.

Aber stimmt denn diese Voraussetzung wirklich, und gibt es diese wunderbaren und schmerzlichen Erfahrungen und Erleidungen Gottes? Erleben wir das wirklich, Gott ist mir nah, näher als ich mir selber bin? Ich erinnere mich an eine feministische Gruppe in New York, wo wir versuchten, von unseren eigenen religiösen Erfahrungen zu sprechen. Eine Frau, mit der ich von diesem Tag an befreundet bin, erzählte von den zerstörerischen und demütigenden Erfahrungen ihrer christlichen Sozialisation.

Dann machte sie eine Pause und sprach über ihre sexuelle Erfahrung, die ihr zum erstenmal gezeigt habe, was eigentlich mit dem Wort »Gott« gemeint sein könnte, das ozeanische Gefühl, von nichts getrennt oder behindert zu sein, das Glück des Einsseins mit allem, was lebt, die Ekstase, in der das alte Ich verlassen wird und ich neu und anders bin. Goethe spricht einmal von »der Liebesnächte Kühlung, die dich zeugte, da du zeugtest«; das ist in der Männersprache gesagt, aber die Erfahrung, geboren zu werden, wo wir empfangen und gebären, passives und aktives Erleben-Erleiden nicht mehr trennen zu können, nicht Handelnde oder Behandelte zu sein, ist in der Frauenerfahrung beheimatet. Wir wagen nur oft nicht, unsere Gefühle zu kennen und zu benennen. Die Sprache der Religion, womit ich nicht die gestohlene Sprache, in der ein männlicher Gott anordnet und imperiale Macht ausstrahlt, meine, ist die mystische Sprache: Ich bin ganz und gar in Gott, kann gar nicht aus Gott herausfallen, bin unzerstörbar. »Wer will uns scheiden von der Liebe Gottes«, können wir dann mit dem Mystiker Paulus fragen, »weder Tod noch Leben, Hohes noch Tiefes, weder Gegenwärtiges, noch Zukünftiges« (Römer 8,35 und 38).

Ich möchte noch ein anderes Beispiel erzählen, eine der vielen Erfahrungen, von Gott verlassen zu sein. Im November 1983 beschloß der deutsche Bundestag in Bonn, der Stationierung der Mittelstreckenraketen zuzustimmen. Ich war mit vielen Freundinnen und Freunden in Bonn auf der Straße. Die Erfahrung war bitter. Es war ein Schlag ins Gesicht nach jahrelanger Überzeugungs- und Befreiungsarbeit, in die wir Zeit, Kraft und Geld gesteckt hatten. Es war eine Demütigung für die Demokratie, denn die große Mehrheit des Volkes lehnte die Massenvernichtungsmittel ab. Es war ein Anschlag auf die Wahrheit, die Erstschlagwaffen sollten angeblich der »Verteidigung«

dienen. Es war eine Niederlage der Freiheit und der nationalen Selbstbestimmung. Ich sollte eine Rede halten und wußte nicht, was sagen. Viele von uns Demonstrierenden waren von Wasserwerfern durchnäßt und von der Polizei durch die Straßen gejagt worden. Warum hast du uns verlassen, Gott, dachte ich. Warum zeigst du dein Gesicht nicht, warum bereitest du uns keinen »Tisch im Angesicht unsrer Feinde« (Psalm 23), sondern lädst die, die nicht nach dir fragen, zu einem Bankett ein! Ich weiß nicht mehr, was ich in dieser dunklen Nacht gesagt habe, aber ein Satz hieß »Truth will make us free«, eine Beschwörung Gottes, doch die Wahrheit nicht für immer in der Lüge begraben sein zu lassen. Manche haben das, was ich sagte, wie ein Gebet empfunden, auch wenn ich kaum religiöses Vokabular verwandte. Jedenfalls richtete sich dieses Gebet nicht an eine autoritäre Macht-da-oben, die mit Blitz oder Donner, übernatürlichen Eingriffen, magischen Erscheinungen eine andere Entscheidung erzwungen hätte. Der Gott, an den dieses Gebet ging, war traurig wie wir, klein wie wir, ohne Bankkonten und Bomben im Hintergrund, genau wie wir. Und doch war Gott mit uns in dieser Nacht. In der Gottverlassenheit fehlte uns Gott, und dieses Fehlen, dieser Hunger nach einem einzigen Stück eßbaren Brotes in Bonn war bei uns. Der Regent, Souverän, Allmachtspotentat hatte uns nicht geholfen, ja er konnte es nicht, aber der Gott der Niederlage und des Schmerzes, der von Golgatha, war bei uns.

Praesentia Dei – in der Fülle des In-Gott-Seins und in der Leere der Verlassenheit –, das sind Grunderfahrungen, die ohne Gottessprache stumm und hilflos bleiben, die wir dann nicht teilen können und die uns nicht verändern. Die Gottessprache macht uns sprachfähig, hilft uns beim Kommunizieren dessen, worauf es ankommt, und sie schafft in uns immer wieder »das neue Herz und einen neuen gewissen Geist« (Psalm 51,12).

An Erfahrungen des Alltags knüpft die christliche Frauenbewegung an, auch ihr Reflexionsanteil, genannt feministische Theologie, muß sich an der alltäglichen Praxis von Frauen festmachen. »Erfahrung« ist indessen ein Modewort geworden, und leider ist im noch mehr mißbrauchten Wort »Selbsterfahrung« auch der letzte Schimmer von verreisen und in die Welt »fahren« untergegangen. Ich empfinde das Insistieren auf Erfahrung unter Frauen oft als kindisch und höchst subjektivistisch, und doch hat diese Sehnsucht nach gelebter, existentieller Religion in ihrer Hilflosigkeit so viel mehr recht als die eingefrorene Schulweisheit einer Theologie, die sich um den Kontext der heute Lebenden nicht schert. Es ist eine Sprachsuche nach Gott in Gang gekommen, und sie wird von den sprachlos Gemachten, den Frauen, getragen. Es geht nicht um eine Ergänzung zur bestehenden Theologie, welche Ergänzung sollte denn zu den Steinen, die sie weithin anbietet, treten? Feministische Theologie ist ein Schrei nach Brot.

Kein Zufall, daß ihre erste und immer noch am meisten verbreitete Form die Liturgie ist. Gebete, Lieder, Tanz und Körperbewegung, gemeinsames Bibelgespräch, »sister celebrations« sind die Ausdrucksformen dieser Suche nach einer existentiellen Gottes-Sprache. Zu Gott reden zu lernen ist dabei wichtiger als über Gott zu reden. Konsens besteht darin, daß die neue Sprache nicht exklusiv-sexistisch sein darf. Kontrovers ist, ob die »Göttin« oder ähnliche meist aus matriarchalen Kulturen übernommene Begriffe wie die Große Mutter produktiv, befreiend sind oder ob durch sie nicht, wie ich meine, die Suche zu schnell abgebrochen wird und wir das Quit-Machen Eckharts nicht durchleben. Ist die parentale Symbolik nicht in mancher Hinsicht ohnmächtig, weil sie zwar Schutz und Geborgenheit ausdrücken kann, nicht aber die mit uns aus Ägypten herausgehende Gottheit, nicht die Befreiung? Mary Daly hat darauf aufmerksam gemacht, daß das Substantiv nicht die geeignete Wortform ist, über Gott zu sprechen. »Weshalb nicht ein Verb, die aktivste und dynamischste aller Wortformen?... Die anthropomorphen Symbole für Gott mögen der Absicht entspringen, Persönlichkeit zu vermitteln, aber sie drücken nicht aus, daß Gott lebendiges Sein ist. Die Frauen, die den Schock des Nicht-Seins und den dagegen ansteigenden Willen zur Selbstbejahung erleben, begreifen das Transzendente eher als das Verb, an dem wir teilhaben – aus dem heraus wir leben, uns bewegen und unser Sein schöpfen.«[12]

Wie ist das Verhältnis zur Transzendenz dann zu denken? Welche Macht kommt Gott, der Quelle und dem Ziel allen Lebens denn zu? Und in welchem Verhältnis stehen wir zu dieser Macht? Sind die Beziehungen zwischen Gott und den Menschen, die im Sinne des ödipalen Konflikts als Machtauseinandersetzung gedeutet werden, die zur Ablösung alter Autorität geführt haben, denn überhaupt noch relevant? Gottes Ohnmacht in der Welt ist so sichtbar, die wissenschaftliche Ersetzung der Schöpfung durch eine zweite, bessere ist nur ein Beispiel, das zeigt, wie hilflos der alte Mann im Himmel ist. Daß Gott allmächtig und wir ohnmächtige Wesen sind, für die die Bibel manchmal das Bild »Wurm« braucht, ist nicht mehr nachzuvollziehen. Diese Theologie entspricht der Technologie der Atomspaltung und Genmanipulation nicht mehr, und sie ist moralisch unerträglich. An unserem Verständnis von Macht entscheidet sich die Gottesfrage. Können wir Macht nur einseitig männlich, als Befehl, physische Überlegenheit, hierarchische Ordnung, als Gewalt von Höherem über Niederes denken? Erfahren wir Gott als Zwangsautorität, oder gibt es andere Formen, Gott zu erleben?

Carter Heyward, eine der führenden Stimmen systematischer Theologie zwischen Christentum und Postchristianismus, spricht von Gott als der »Macht-in-Beziehung«, die uns an der Macht des Lebens Anteil haben läßt.[13] In der Tat ist Gott Macht, aber gerade nicht beziehungsfreie, selbstgenügsame Herren-Macht, die auch vergewaltigt, wenn nötig. Diesem autoritären Gott hat die Moderne ihre Antwort gegeben: Sie hat ihn erübrigt. Er spielt keinerlei Rolle mehr. Er ist wissenschaftlich nicht verwendbar. Aber ist der autoritäre Männer-Gott alles, was innerhalb der jüdischen und christlichen Tradition unter dem Titel »Gott« artikuliert worden ist? Was geschieht mit diesen anderen Traditionen, und wie verhalten sie sich zum wissenschaftlichen Herrschaftsmodell?

Ich denke, daß sich der Aufbruch der feministischen Theologie nicht mit der Kritik der sexistischen Religion und ihrer Institutionen begnügen kann. Wir brauchen eine umfassende Kritik am männlichen Wissenschaftsverständnis, an seinen fraglos akzeptierten Zielen und seinen imperialen Methoden, vor allem aber an seiner Ethik, die weithin bloße Legitimationsrhetorik bedeutet. An dieser großen Aufgabe ist die feministische Theologie insofern beteiligt, als sie ein anderes »Gottdenken« einübt, das die Machtfrage neu stellt und sie aus dem autoritären Denkmuster des »ganz anderen« Gottesherrschers befreit. Welche Macht hat denn eine Gottheit, die weder Schlachten entscheidet noch vor ökologischen und ökonomischen Katastrophen schützt? In einer gewalttätigen Kultur lebend, in der barbarische Institutionen wie das Militärwesen noch immer Legitimität und Ansehen genießen, ist es uns fast unmöglich, Macht, die frei von Gewalt ist und doch bekehren und verändern kann, zu denken, sie auch nur zu ahnen. Wir wissen nicht, was Liebe sein könnte, längst darf sie nur im Privatzoo frei herumlaufen.

Wir können Gott nicht denken und haben keine Sprache für Gott, weil unsere Begriffe von Macht, Herrschaft, Stärke, Kraft nach wie vor aus dem Babylon stammen, in dem wir in Europa leben. Sie sind alle gewalt-verseucht. Wir sind alle unter einer patriarchal-autoritären Religion oder ihrem Ausfall und Ersatz durch Wissenschaftsgläubigkeit aufgewachsen. Die gesellschaftlichen Zwangsmechanismen haben unser Denken geformt, unser Fühlen, etwa die menschliche Fähigkeit, Mitleid zu empfinden, zerstört. Gerade von Frauen höre ich immer wieder den gottlosesten Satz des Alltags, der heißt »Wir können nichts daran machen«. Und so beteiligen wir uns sehenden Auges daran, das Wasser unserer Enkel zu vergiften und die verstrahlten Kinder von Tschernobyl zu verdrängen. Die widerstandslose Unterwerfung unter die Gewalt, die die Gerechtigkeit der Handelsbeziehungen nicht zuläßt, den Frieden auf Militarismus aufbaut und die Schöpfung weiterhin zerstört oder ersetzt, hat zwei Wurzeln. Die eine ist das patriarchale autoritätsfixierte Christentum: Immer noch wird der autoritäre Gott hilflos beschworen in der Erwartung, daß er doch irgendwann einmal dreinschlägt. Die andere Wurzel der Unterwerfung ist der post-religiöse Glaube an die männlich, nicht mehr menschheitlich verstandene Wissenschaft, die in der Art einer antiken Schicksalsgottheit über die ihr ohnmächtig Unterworfenen waltet. Der alte Gott kann höchstens eine Art Schutz vor den Katastrophen für die Rechtgläubigen darstellen, wie es sich der christliche Fundamentalismus vorstellt, eine befreiende Qualität hat er nicht.

Nicht: Gibt es Gott? ist die Frage feministischer Befreiungstheologie, sondern: Ereignet sich Gott auch bei uns? Im Prozeß der Bewußtwerdung, auf dem Weg aus dem gesellschaftlich verhängten Nicht-Sein heraus, wird die Frage, ob wir Gott brauchen, ausgegraben aus dem Schutt der Tradition. Oft habe ich den Eindruck, daß in den Ängsten und Verzweiflungen von Frauen die Sehnsucht nach Transzendenz dessen, was der Fall ist, am deutlichsten spricht. Es ist müßig, Theologie zu treiben, wenn wir uns nicht diesem vertrackten Brechtschen »Brauchen« Gottes nähern. (Herr K. in Brechts Keunergeschichten antwortet auf die Frage, ob er an Gott glaube, mit der Gegenfrage, ob sich dadurch etwas ändere.) Und gebraucht wird die Vergewisserung der Gottheit, die uns herausholt und unsere Füße auf weiten Raum stellt. Ohne den Gott-in-uns, den *God-within*, erstarrt der Gott-über-uns, der *God-above* zum Fetisch, der Auschwitz gewollt hat. Hier, wie auch bei denen, die den Atomkrieg weiterhin freudig vorbereiten, weil Gott ja sowieso alles in der Hand hat, ist Gott und Abgott, um mich so reformatorisch auszudrücken, schlechterdings zusammengefallen. Sie sind ununterscheidbar geworden. Angebetet wird die – manchmal Gott genannte – Macht, der phallische Stier. Sein ist die Macht, wir sind ohnmächtig. Je transzendenter, desto göttlicher. Die Überwindung solcher verdinglichter Transzendenz ist die Aufgabe einer befreienden Theologie. Verdinglichte Transzendenz stellt den Gott dar, der nichts anderes kann als ein Supermann, der also unabhängig, unberührbar und machtvoll agiert. Die Absolutheitsaussagen über Gott – »seine« Allmacht, Allwissenheit, Allgegenwart, alle drei »Omnis« – drücken die fatale imperialistische Tendenz der Theologie aus, eben die Macht des Herrschers.[14]

In der feministischen Theologie geht es also nicht nur um den Austausch von Pronomen, sondern um eine andere Art, Transzendenz zu denken, sie nicht mehr in der Unabhängigkeit von allem und in der Herrschaft über alles andere zu verstehen, sondern eingebunden in das Gewebe des Lebens. Goethe sagt in seinen Aphorismen über die Liebe: »Freiwillige Abhängigkeit, der schönste Zustand, und wie wäre er möglich ohne Liebe?« Gott ist nicht weniger freiwillig-abhängig, als wir alle in der Liebe sein können. Das bedeutet, daß wir vom Gott-über-uns zum Gott-in-uns kommen und die falsche hierarchisch gedachte Transzendenz überwinden. Eine Annäherung an die Mystik, die das hierarchische männliche Gottesverständnis am weitesten überwunden hat, ist notwendig, freilich eine Mystik, die den Durst nach realer Befreiung nicht im Meer des Unbewußten absaufen läßt.

Nach einem Satz von Jakob Böhme ist Gott »das Nichts, das alles werden will«. Das real erfahrene, machtlose Nichts des beschädigten Lebens, mit dem die feministische Befreiungstheologie beginnt, wird nicht von außen erlöst. Auch für uns ist »kein höhres Wesen, kein Gott noch Kaiser noch Tribun« zuständig, wohl aber Einbindung in den geschwisterlichen Grund des Lebendigen. Die mystische Gewißheit, daß uns nichts von der Liebe Gottes trennen kann, wächst, indem wir selber eins mit der Liebe werden als solche, die sich – in Freiheit und ohne Erfolgsgarantie – auf die Seite der Liebe stellen.

Viertes Kapitel
Der Kampf mit dem Unbekannten

Und Jakob stand auf in der Nacht und nahm seine beiden Frauen und die beiden Mägde und seine elf Söhne und zog an die Furt des Jabbok, nahm sie und führte sie über das Wasser, so daß hinüberkam, was er hatte, und blieb allein zurück.

Da rang ein Mann mit ihm, bis die Morgenröte anbrach. Und als er sah, daß er ihn nicht übermochte, schlug er ihn auf das Gelenk seiner Hüfte, und das Gelenk der Hüfte Jakobs wurde über dem Ringen mit ihm verrenkt.

Und er sprach: »Laß mich gehen, denn die Morgenröte bricht an.« Aber Jakob antwortete: »Ich lasse dich nicht, du segnest mich denn.«

Dann fragte jener ihn und sprach: »Wie ist dein Name?« Er antwortete: »Jakob.«
Er sagte: »Du sollst nicht mehr Jakob heißen, sondern Israel. Denn du hast mit Gott und Mensch gekämpft und hast gesiegt.«

Und Jakob fragte ihn und sprach:
»Gib mir deinen Namen kund!«
Er aber sprach: »Warum fragst du nach meinem Namen?«
Und er segnete ihn daselbst.

Und Jakob nannte die Stätte Pniel.

Denn er sagte:
»Ich habe Gott von Angesicht zu Angesicht gesehen
und bin doch am Leben geblieben.«

Und es ging ihm die Sonne auf, als er Pniel passierte.
Er aber hinkte an der Hüfte.

Genesis 32, 23–32

Wenn wir uns innerhalb der großen religionsgeschichtlichen Tradition verstehen, die mit Israel begonnen hat, wenn auch wir »Israel rechter Art, das aus dem Geist erzeuget ward« (EKG 140) sind, sollten wir auch den leisesten Schatten von Antijudaismus, der in dieser Formulierung liegen mag, aus unserem Denken ausreißen. Als hätten wir die Juden auch ihres geistigen Erbes beraubt und sie verdrängt und vertrieben aus dem, was ihre Geschichte, ihre Identität, eben: ihr Gott war und ist, da wir doch erst später Hinzugekommene, in den oft verratenen, nie gekündigten Bund einbezogen sind. Wenn wir also Israel rechter Art sind und werden wollen, dann haben wir Anteil am Glauben Abrahams, Isaaks und Jakobs bis auf den heutigen Tag. »Wohl dem, der einzig schauet nach Jakobs Gott und Heil« (EKG 248), so singen wir, oder: »Selig, ja selig ist der zu nennen, des Hilfe der Gott Jakobs ist...« (EKG 258,3).

Wer also ist der Gott Jakobs? Wer überfällt Jakob, wer segnet ihn? Beim Lesen der Auslegungen ist mir aufgefallen, daß die meisten Ausleger eher an der Frage »Wer ist Jakob?« interessiert sind. Sie binden die rätselhafte Geschichte in seine Lebenserfahrungen ein, sie ergründen seine Licht- und seine Schattenseite, seine wechselnden Beziehungen zu anderen und zu sich selber, seinen Namen als Fersensteller, als Betrüger, als endlich dann: Gottesstreiter.

Ich habe das, vor allem durch Elie Wiesel, gern aufgenommen, aber je mehr ich mit dem Text umging, desto mehr faszinierte mich die Frage: Wer ist Gott in dieser Geschichte? Nicht als sei die Frage »Wer ist Jakob?« von dieser anderen ablösbar, aber ich ertappte mich bei dem Gefühl, daß mich Jakob nicht so interessiert, weil ich Jakob ja schon bin. Ich kenne ja diese Lebensübergänge, bei denen wir in der Tat einen Fluß überschreiten müssen, ich erinnere mich an diese *rites de passage* in meinem Leben, zum Beispiel an den Tag, an dem ich aus der Kindheit herausgeworfen wurde, ich erinnere mich an die enormen Schwierigkeiten, die ich mit dem Erwachsenwerden hatte, auch das ein Überfall des Trivialen, unser Tun und Träumen brutal verzweckenden Alltagsgeistes. Und ich habe, ganz natürlich, heute tiefe Ängste vor dem dunklen Fluß vor mir: Altwerden, Verlassenwerden, diese langsam in mir hochkriechende Hinfälligkeit anzunehmen.

So suche ich nicht Jakob auf in der Geschichte, ich bin ja schon Jakob, ich suche den anderen, der überfällt und töten will, ich suche den, der segnet. Ich möchte von Jakob etwas über Gott erfahren, aber das ist zu bescheiden ausgedrückt, was soll das überhaupt heißen, »über Gott« etwas zu erfahren, als sei Gott ein Objekt meiner Wißbegierde. Mich interessiert nicht Jakob, sondern sein Ziel, sein Abgrund. »Ich lasse dich nicht«, ich will diesen Satz nicht zitieren, ich will ihn tun.

Wer ist der Gott Jakobs? Wer überfällt und wer segnet? Ich habe mir die Wörter aufgeschrieben, die in den Kommentaren vorkommen über den, der da die Nacht über mit Jakob ringt: der Fremde, der nächtliche Besucher, der lichtscheue Dämon, das Gespenst, der Geist, der raubt und mordet, der Angreifer, der Feind. In den rabbinischen Kommentaren erscheinen die Wörter: ein Hirte, ein Zauberer, ein Weiser oder ein Bandit. Die meisten Ausleger haben sich allerdings auf den Engel geeinigt, und unter dem Titel »Jakobs Kampf mit dem Engel« ist unsere Erzählung in die bildende Kunst eingegangen, zu Rembrandt und zu Chagall und Herbert Falken, in die Literatur. Jakobs Kampf ist der Kampf mit dem Engel und hält darin eine mittlere Ebene zwischen dem Dämon und Gott, in der die Züge beider aufgenommen sind. Also noch einmal: Wer überfällt Jakob, wer segnet ihn?

Jeder von uns kämpft mit Gott
laß uns dazu stehen
auch wenn wir geschlagen werden
und verrenkt
Jede von uns kämpft um Gott
der darauf wartet
gebraucht zu werden
Auf uns wartet ein Kampf

Beim Überfallenwerden denke ich an meine Freundin Lore, die in Düsseldorf lebt. Vielleicht ist die Rheinbrücke dort eine Furt über den Jabbok. Meine Freundin, ein überdurchschnittlich begabter Mensch, mit einer hellen, klaren, zupackenden Rationalität, war jahrelang Leiterin eines Studienseminars. Im Sommer vorigen Jahres hat sie etwas erleben müssen, das ich mit den Worten unserer Geschichte so nennen möchte: Da rang jemand mit ihr und überfiel die wehrlose Seele.

Lore ist seit Monaten in der geschlossenen Abteilung eines Psychiatrischen Krankenhauses. Sie hat viele Nächte hindurch geschrien. Sie hat den Putzfrauen ihre Wagen mit Putzmitteln umgeworfen, sie hat ihre Brille – also das Instrument, mit dem sie lesend die Welt wahrnimmt – zertrampelt. Sie hat mich angefleht »Hol mich hier raus«. Lore hat viele und verläßliche Freunde. Sie bezieht eine gute Pension – aber sie ist so allein wie Jakob, nachdem er Familie und Besitz, unsere Barrikaden gegen das Unglück, vorausgeschickt hat. Sie ist überfallen worden, als hätte der nächtliche Angreifer sich meine Freundin ausgesucht, um ihr seine Macht zu zeigen. Übrigens brach ihre Krankheit erneut aus, als ihr in den USA ihre Handtasche mit lebenswichtigen Antidepressiva gestohlen wurde.

Überfall, Angriff, Bedrohung und die namenlosen Ängste der psychisch Kranken – wann wird der Quäler von ihr ablassen? Wann bricht der Tag an? Und wird sie den Kampf, der sie zerstört, als Segen erfahren? Ist es denkbar, daß sie dem hereinstürzenden Unglück so standhält, ihm so viele Liebe zum Leben entgegensetzt, daß es sich verwandelt? »Denen, die Gott lieben«, sagt Paulus im Römerbrief, »müssen alle Dinge zum Besten dienen« (Römer 8,28). Wirklich alles? Auch die Krankheit der Seele, des Geistes? Auch die Vernichtung?

Jakob muß so etwas geglaubt haben. Anders ist seine Stärke nicht zu erklären, sein Ringen und vor allem nicht die archaische Bedingung, die er dem Überfalltäter stellt. »Ich laß dich nicht los, es sei denn du gäbest mir Anteil an deiner Macht.«

Einer der schönsten Züge der Geschichte liegt für mich darin, daß Jakob, nachdem er die ganze Nacht gekämpft hat, am Ende nicht froh ist, den unheimlichen Gast loszuwerden. Er läßt ihn nicht aufatmend ziehen. *Survivre n'est pas vivre.* Überleben reicht nicht aus. Jakob will mehr, will trotz und mit verrenkter Hüfte mehr als gerade noch davongekommen sein. Er will Gott anders haben, als Gott jetzt ist. Der Dämon, der Menschenersticker, der Heimzahler-Gott, muß noch anders sein. Was soll mit Gott »ringen« eigentlich anders heißen, als Gott so zu bedrängen, daß er Gott wird und nicht nur seine dunkle Seite auslebt?! Mit einem Wort gesagt: Jakob liebt Gott! Er will etwas von ihm. Er läßt ihn nicht, wie er ist. Er läßt nicht los. Er gibt sich nicht mit der Ermäßigung Gottes zufrieden. Er sagt nicht: So ist es eben mit eurem Gott, den kannst du vergessen.

Jede von uns wird gesegnet
Laß uns daran glauben
auch wenn wir aufgeben wollen
Gib uns die Dreistigkeit mehr zu verlangen
Mach uns hungrig nach dir
lehr uns beten: ich laß dich nicht
das kann doch nicht alles sein
Auf uns wartet ein Segen

Wir fragen manchmal nach dem Sinn des Gebets. Mit Gott ringen, damit Gott Gott sei, ist eine Antwort auf diese Frage. Beten heißt: Gott die schwarzen Kinder Südafrikas, die heute im Gefängnis sind, gedemütigt und gefoltert werden, immer wieder vorhalten. Beten heißt, Gott nicht freisprechen. »Es sind doch Deine Kinder, mein Gott!« Zur Freiheit geschaffen, wenig niedriger als die Engel, Töchter und Söhne des Lebens. Du kannst sie doch nicht einfach verrecken lassen! Fürbitte tun heißt, Gott erinnern an die, die allen Grund haben, sich von Gott vergessen zu glauben. Ringen, Kämpfen, Beten ist ein Vorgang.

Ich will hier eine andere Variation zum Thema einbringen. Das Lied ›Wrestling Jacob‹ stammt von Charles Wesley, dem Mitbegründer der methodistischen Kirche, und bezieht sich auf unseren Bibeltext, es verwandelt ihn sich an. Das Ich dieses Liedes ist allein in seiner Wohnung, die Gäste sind gegangen, es ist Nacht. Es ist eine Situation, die wir alle kennen. Innen, im Binnenraum, nicht draußen am Fluß, innen, im Raum der Seele: »Come, o Thou Traveler unknown/ Whom still I hold, but cannot see.« Das Motiv des Überfalls, der fremden bedrohenden Macht ist hier verwandelt. »With thee all night I mean to stay / And wrestle till the break of day.« Die zweite Strophe greift dann das Fragespiel nach dem Namen auf, in einer für die individualisierte Frömmigkeit typischen Art. Auf die Frage des Engels an Jakob: »Wie heißt du?«, wird ganz verzichtet, der Beter nennt als Namen seinen inneren Zustand: Sünde und Elend, »misery«, hier: psychisches Elend. Gott kennt meinen Namen, er hat mich bei meinem Namen gerufen, er hat, wie es in Anspielung auf Jesaja 49,16 heißt, meinen Namen in seinen Handflächen aufgeschrieben: »Siehe, auf meine Hände habe ich dich gezeichnet.« Der Beter dieses Liedes ist so von Gott umhüllt, daß er nicht wie Jakob nach seinem Namen gefragt und dann umbenannt werden muß. Alles Gewicht fällt hier auf die andere Frage, die Jakob an den nächtlichen Besucher, den Mann, den Dämon, den Engel gestellt hat und die Charles Wesley neu an Gott stellt: »Wer bist du?« Der Beter, »confident in selfdespair«, bittet Gott, ihm seinen Namen zu nennen und ihn damit zu segnen. Die beiden Bitten Jakobs um den Segen und um den Namen werden hier nicht getrennt, sondern verschmolzen: »Speak to my heart, in blessing speak; / Be conquered by my instant prayer. / Speak or thou never hence shalt move / And tell me if thy name be Love.« Die letzte Strophe übernimmt von der Jakobsgeschichte nur den anbrechenden Morgen und die fliehenden Schatten. Es fehlt die verrenkte Hüfte. Der Name Gottes, die Gewißheit, daß Gott Liebe heißt und ist, überstrahlt das Dunkel, der unbekannte Wanderer ist präsent. »Pure, universal love thou art.«

Jeder von uns hat einen geheimen Namen
er ist in Gottes Hände geschrieben
die uns lieben lesen ihn

eines Tages wird man uns nennen
Land der Versöhnung
Bank die ihren Schuldnern vergibt
Brunnenbauerin in der Wüste
Auf uns wartet Gottes Name

Aus der Erzählung vom flüchtenden Jakob, der nun seinem betrogenen Bruder entgegengeht, aus dem Drama am Jabbok ist hier die Meditation eines Einsamen geworden. Aus dem Dämon wurde ein unbekannter Wanderer oder Gast, aus dem Ringkampf ein Gebetskampf. Das Gedicht erinnert an Rembrandts Auffassung, in seinem Bild »Jakob worstelt met dem Angel«. Der Engel ist dort eine schöne ernste Jünglingsgestalt, die den Jakob mit ihren großen Flügeln eher beschützt als bedroht. Der Ringkampf erscheint wie eine Umarmung, beide Gestalten sind im Kampf zu einer verschlungen, als seien Jakob und der Engel in einer erotischen Beziehung eins geworden. Diese Deutung, in der aus dem Ringkampf ein Gebetskampf wird, ist für die ganze Neuzeit charakteristisch. Das Gebet ist der Ort, da Gott überwunden wird und sich überwinden läßt. »Be conquered by my instant prayer.«

Ich habe Schwierigkeiten mit dem Wort »Gebetskampf«, es klingt mir verkrampft, aber daß Beten und Kämpfen zusammengehören, das ist mir immer deutlicher geworden. Mit dem dunklen Gott um das Leben eines Menschen ringen, daß dieser geliebte Mensch nicht stirbt, daß er nicht mehr zur Flasche greift oder zur Nadel, daß er nicht in *self-despair*, in Selbstverzweiflung, zugrunde geht – das kennen wir alle. Ist es nicht wahr, daß wir mehr beten, wenn wir mehr lieben? Daß wir uns Gott in den Weg werfen und ihn festhalten, daß er nicht fort kann, daß wir Gott »nötigen«, wie die Juristen das ausdrücken, so daß Gott endlich Gott werde! »Beweis dein Macht, Herr Jesu

Christ« (EKG 91,2), versteck dich nicht hinter Verkündigungen und Verheißungen und Versprechen, das kennen wir doch seit zweitausend Jahren, sprich jetzt, sag, daß du Liebe heißt und nicht Terror, sag es im Psychiatrischen Krankenhaus und in Soweto und in Bagdad!

Beten und Kämpfen gehören zusammen. Wer ist der Gott Jakobs und unser Gott? Wer überfällt Jakob, und wer segnet ihn? Wer kommt als Schicksal daher, als Dürrekatastrophe, als Sachzwang, als der Fremde, der Unbekannte, der uns heimsucht? Die Antwort liegt nicht in der Theologie, sondern in dem Ringen, das wir Gebet nennen mögen oder Kampf, es kommt auf das gleiche hinaus. Gott überfällt uns ja nicht weniger, als er den Jakob überfällt. Im Gebet stellen wir uns dem, der uns überfällt. Wir sind nackt, wir haben das, was uns schützen könnte, weggeschickt. Laßt Euch von Gott überfallen, denkt doch nicht, der Jabbok liegt weit weg und in Soweto leben andere Kinder, nicht meine. Es spricht alles dafür, mit Gott für Gott zu kämpfen, daß Gott sichtbar werde, daß Gottes Sonne auch uns aufgehe und wir einen neuen Namen bekommen.

Fünftes Kapitel
Gottes Schmerz und unsere Schmerzen

Der Schriftsteller Elie Wiesel hat in einem Theaterstück den »Prozeß von Schamgorod (so wie er sich am 25. Februar 1649 abgespielt hat)« nachgezeichnet. Es ist die Zeit der Chmielenicki-Pogrome in Rußland, denen Hunderttausende Juden zum Opfer gefallen sind. In einem kleinen Dorfwirtshaus bei Schamgorod wird nach alter Tradition ein Purim-Spiel gespielt: Drei Purim-Darsteller führen einen Prozeß auf, in dem Gott angeklagt wird wegen des Leidens seiner Kinder. Das Stück spielt nach einem Pogrom, aber während die Spieler trinken und das Fest, an dem »alles frei« ist und an dem Dinge gesagt werden dürfen, die sonst niemand auszusprechen wagt, nach der Tradition feiern, rotten sich draußen die Mörderbanden erneut zusammen. Genaugenommen spielt das Stück in der kurzen Zeit zwischen zwei Pogromen und behandelt das Thema der Theodizee. Vergeblich versuchen die drei betrunkenen Purim-Spieler einen Verteidiger Gottes zu finden. Der Ankläger sagt: »Es gibt keinen Verteidiger, na und?! Wessen Fehler ist es denn? Er hat seine Verteidiger getötet, hat sie den Mördern ausgeliefert. Er hat den Richter Reb Schmouel nicht geschont. Er hat das Leben des Lehrers Reb Baruch nicht erhalten. Hirsch der Weise, Meilech der Schuhmacher haben ihn geliebt, an ihn geglaubt, an ihn allein, er hat sich nicht um sie gekümmert... Wessen Schuld ist es denn, wenn sie schweigen? Wessen Schuld ist es, wenn sie zu Staub geworden sind? Wessen Schuld ist es, wenn die Erde mit Mördern bevölkert wird – nur mit Mördern?«.[15]

Gegen Ende des Stückes taucht ein Fremder aus der Nacht auf, eine zwielichtige, schöne Gestalt namens Sam. Er findet sich bereit, den Verteidiger Gottes zu spielen, er beteuert Gottes Allmacht und Absolutheit. »Ich bin sein Diener. Er hat die Welt und uns erschaffen, ohne uns um unsere Meinung zu fragen. Er kann handeln, wie es ihm gefällt. Unsere Aufgabe ist es, ihn trotz alledem zu verherrlichen«.[16] Als alle ihre Masken aufsetzen, um das Spiel endlich zu beginnen, zieht Sam die Maske des Teufels an, bricht in ein langes, kräftiges Gelächter aus und gibt ein Zeichen nach draußen. Die Tür wird eingedrückt und die Meute dringt ein.

Ich denke, dieses Stück nimmt das Thema Theodizee ernster als wir, die wir nicht wissen, ob wir Gott anklagen oder verteidigen sollen. Der Ernst drückt sich höchst schwankhaft und komisch darin aus, daß die Rollen verteilt werden: Die drei betrunkenen Purim-Spieler sind die Richter; die Tochter des Wirts, die über einer kollektiven Vergewaltigung wahnsinnig geworden ist, die Zeugin der Anklage; der alte Wirt, der frömmste, ist der unerbittliche Ankläger. Der Angeklagte ist »seiner Gewohnheit gemäß«, wie es einmal ironisch heißt, abwesend. Und der gewandte Theologe, der Gott verteidigt, entpuppt sich als der Teufel. Er nennt sich »Bote Gottes. Ich durchstreife die Erde und berichte ihm. Ich sehe alles, weiß alles. Zwar kann ich nichts erschaffen, aber alles vernichten«.[17]

Anklage und Verteidigung, Zeugenaussage und Gericht stellen ein Denkmodell dar, in dem der Sprung in die nächste Metaebene ausgeschlossen ist: das ist die Stärke von Wiesels Schreiben. Die Frage läßt sich nicht neutralisieren oder historisieren. Müssen wir Gott anklagen, können wir Gott verteidigen? Gibt es eine Verteidigung Gottes, die nicht satanisch ist, sondern aus einer größeren Liebe kommt? Oder ist die Anklage die größte Geste der Liebe zu Gott, die wir aufbringen können, wie es in manchen Gestalten Wiesels scheint? Wohin gehören wir denn in diesem Spiel?

Ich stelle diese Fragen, weil ich den Verdacht habe, daß die Fixierung auf das Problem der Theodizee ein Ausweichen, eine Verleugnung des Leidens ist. Wenn wir das Problem auflösen in eine Rechtfertigung Gottes angesichts des Leidens der Unschuldigen, dann verleugnen wir es in der klassisch männlichen Theologenmanier. Aber es gibt auch eine postchristliche philosophische Verleugnung, die historisierend vorgeht. Dann weisen wir dem Problem ein Jahrhundert in der Geschichte der Philosophie zu. Die Geschichte des Theodizee-Problems in der Philosophie ist die Geschichte der »fortschreitenden Distanzierung bzw. Zurücknahme eines Totalitätsanspruchs oder Deutemonopols, der einer zunehmenden Einengung von Begriffen wie Rationalität, Diskursivität und Konsistenz« entspricht:[18]

Bis weit in die Neuzeit hinein ist die »alteuropäische Harmoniethese« gültig, »nach der es Gott, aber auch die Natur nicht zulassen, daß es pures Leid und Böses gibt«. Die klassische Antwort auf die Frage des Leidens wird bei Meister Eckhart so formuliert: »Alles, was der gute Mensch um Gottes willen leidet, das leidet er in Gott, und Gott ist mit ihm leidend in seinem Leiden«.[19] Die hier ausgesprochene Ungebrochenheit, so eine wichtige historische Erkenntnis Geyers, macht Theodizee – noch – nicht nötig; wo sich die Verbindlichkeit religiöser Deutungsschemata »ganzlich aufgelöst haben, ist eine Theodizee ebenfalls nicht (mehr) nötig – und auch nicht mehr möglich«.[20]

Gott hat nach dieser – eurozentrisch verstandenen – Geschichte eine Zeitlang viele Verteidiger gehabt, heute aber ist Anklage und Verteidigung unnötig geworden; in der Systemtheorie Niklas Luhmanns zum Beispiel ist die Bedeutung der Reflexion zusammengeschrumpft auf die Funktion der Vermittlung und der Interpretation des »gesamtgesellschaftlich vorgegebenen Sinns«.[21]

Die religiöse Tradition lebt heute weiter bei den ihre Inhalte negierenden Denkern der Kritischen Theorie, die in »Empörung« (Bloch) oder »Sehnsucht« (Horkheimer) immer noch mehr religiöse Substanz angeeignet haben, als ihre neuzeitlich-atheistische Bestreitung der religiösen Tradition vermuten läßt. Die technokratische Vernunft aber kennt keine Identität im emphatischen Sinne mehr, weil sie auf eine »wenn auch nur vordergründige Harmonie (der Gefühle, gesellschaftliche Gruppen, wirtschaftliche Gegensätze)« beschränkt ist und in gewissem Sinn nicht nur das »postmoderne« Ende der immer noch religiös motivierten neuzeitlichen Philosophie darstellt, sondern das Zuendelaufen jeder Philosophie, die noch auf eine allgemeine Vernunft bezogen war. Für die technokratisch-instrumentelle Vernunft fällt »die Frage nach dem Leiden und dem Bösen gänzlich heraus aus dem Bereich der Philosophie und (wird) zurückverwiesen an jene, von denen die Menschen sich augenscheinlich nicht mehr trösten lassen« (194).[22] Die praktische Anwendung dieser Art von Philosophie ist heute die sogenannte »Akzeptanzforschung«, in der festgestellt wird, wieviel Belastung und Zerstörung der Lebenswelt sich denn das Imperium in einer bestimmten Region leisten kann.

Was bedeutet dieser historische Rückblick für ein systematisch theologisches Denken?

In einem relativ kurzen Zeitraum der abendländischen Philosophiegeschichte versuchten die Theodizeedenker drei Qualitäten Gottes miteinander zu versöhnen: seine

Allmacht, seine Liebe und seine Verständlichkeit. Das Ergebnis der Debatte läßt sich so zusammenfassen, daß nur zwei von diesen drei Theologumena denkmöglich sind, je eines aber ausgeschlossen werden muß.

Entweder Gott ist allmächtig und verständlich, so verständlich wie Allmacht für die ihr Unterworfenen ist.

Er steht, bildlich gesprochen, an der Spitze des Universums als der große Lenker, der Mitwisser, der eigentlich Verantwortliche; als der, der zumindest einschreiten kann und die Quälerei von Menschen beenden kann, vorausgesetzt, er will. In diesem Zusammenhang sprechen wir oft vom Leiden der Unschuldigen, der Kinder zum Beispiel, die gequält werden. Aber in einem tieferen Sinn sind alle Menschen unschuldig: Niemand verdient es zu verhungern, und jede einzelne von den sechs Millionen Vergasten, auch wenn sie im übrigen log, stahl oder ein Biest war, »verdient« das ihr angetane Leiden nie und nimmer. Ein allmächtiger Gott, der Leiden verhängt, der sich Auschwitz von oben ansieht, muß ein Sadist sein. Er steht dann auf der Seite der Sieger, er ist, um es mit den Worten eines schwarzen Theologen aus den USA zu sagen, »a white racist«.[23] In Wiesels Stück ist das die Position Satans: Er taucht immer dort auf, wo gemordet wird, er ist der Advokat der Unterwerfung. Sein Gott ist schiere Macht. Und eine Theologie, die einen solchen obersten Herrscher, Veranstalter, verantwortlichen Verursacher, Macher denkt, spiegelt den Sadismus derer, die sie sich ausdenken.

Die zweite Position denkt Gott zwar als allmächtig und alliebend, aber zugleich als unverständlich. Er entzieht sich uns. Der Glaube an ihn wird absurd oder bestenfalls ein Paradox. »Vor Verdun verlor ich meinen Glauben an Gott« ist ein weitverbreiteter Ausdruck des Massenatheismus als einer Konsequenz. Wenn Gott unverständlich geworden ist, kann er auch im paradoxen Glauben auf die Dauer nicht mehr festgehalten werden. Dieser Gott ist tot.

Die dritte Position denkt Gott als Liebe, aber nicht als allmächtig. Zwischen den Siegern und den Opfern wird Gott nur glaubhaft, wenn er auf der Seite der Opfer steht, wenn er als leidensfähig gedacht wird. Diese Position wird heute von ganz verschiedenen jüdischen Denkern wie Elie Wiesel, Abraham Heschel, Hans Jonas, aber auch einem Populartheologen wie Rabbi Harold Kushner vertreten.[24] Von christlicher Seite nenne ich vor allem Dietrich Bonhoeffer, der im Gefängnis dem leidenden Gott immer näher kam; ich nenne die Prozeßtheologie, die Gottes Bedürftigkeit und sein Werden artikuliert, ich nenne die Theologie der Befreiung, sowohl in ihrer lateinamerikanischen wie in ihrer feministischen Gestalt.

Ich will im folgenden im Sinne der dritten Position auf die leidende Gottheit, die allein auf die Frage nach dem Leiden der Unschuldigen antwortet, hindenken. Ich will Gott der Umklammerung durch das Patriarchat entreißen und die Theodizeefrage als falsche Frage überwinden.

Mein Ausgangspunkt sind die gegenwärtigen Leiden der Menschen in El Salvador; ich beachte den hermeneutischen Grundsatz der Befreiungstheologie, der heißt: Die Armen sind die Lehrer. Von ihnen, nicht von den Besitzenden, Verfügenden, Machthabern ist zu lernen, was Glaube an Gott heute bedeutet. Die Zeugnisse der Christen aus der Dritten Welt spielen eine immer größere Rolle für die Weltkirche, etwa für die ökumenische Bewegung, aber auch für die Theologen der reichen Welt, die sich nach Befreiung aus der babylonischen Gefangenschaft sehnen. In welche Richtung weisen diese Zeugnisse hinsichtlich des Leidens? Ich will zunächst das Leiden des salvadorenischen Volkes skizzieren:

Von den fünf Millionen Menschen in El Salvador lebt eine Million als Flüchtlinge im Ausland; eine halbe Million ist heimatvertrieben im eigenen Land; die meisten von ihnen gehören zu den Ärmsten, ohne Bildung oder Arbeitsmöglichkeit, sie besitzen gerade das, was sie auf dem Leib tragen. Der militärische Name für diese systematische und blutige Vertreibung der Bevölkerung aus ihrer Heimat ist *Operation Phoenix*. Dieses Verfahren wurde schon im Vietnamkrieg angewandt; es beginnt meist mit einem Bombardement der Zivilbevölkerung. Die Armee vernichtet die Ernte und die Häuser der Menschen, danach werden die Überlebenden in Lager gebracht. »Im Januar 1986«, erzählt ein Flüchtling, »nahmen sie uns gefangen – und dank des internationalen Drucks und der neuen Regierungspolitik wurden die Leute jetzt nicht mehr ermordet, sondern dem Roten Kreuz übergeben. So kamen wir hier ins Lager. Aber wir sind keine Flüchtlinge, wir wollen nicht von Almosen leben, sondern an den Ort unseres Ursprungs zurückkehren. Warum will die Regierung das Land entvölkern und uns hier im Lager einsperren?«

Die Antwort ist klar: Nur ein entvölkertes Land garantiert den militärischen Sieg. Die Bevölkerung behindert die »counter-isurgency«-Taktik, die zu perfektionieren ein Hauptziel des Pentagon in den letzten fünfundzwanzig Jahren war. Die Bombenangriffe auf die Zivilisten, die zu Recht oder zu Unrecht der Beihilfe verdächtigt werden, haben sich in den letzten beiden Jahren, also unter angeblicher »Demokratie«, verdreifacht: Land wird unbewohnbar gemacht, Ernten verbrannt, Zivilisten getötet oder zur Flucht gezwungen.

Die Todesschwadrone arbeiten weiter. Kein Offizier, der foltert oder tötet, wird je zur Rechenschaft gezogen, und der Erlaß Nr. 50 legalisiert die Folter. Jeder kann von den »Sicherheitskräften«, die meist in Zivil, manchmal in

Uniform, oft im Morgengrauen auftauchen, festgenommen werden. Die ohne Haftbefehl »Verhafteten« bleiben fünfzehn Tage im Gewahrsam der Geheimdienste und Sicherheitskräfte: ohne Rechtsanwalt, ohne Verbindung zu den Angehörigen, für die er oder sie »verschwunden« ist. Spätestens nach vierzehn Tagen unterschreiben hundert Prozent der Festgenommenen ein außergerichtliches Geständnis *(confession extra-juridical)*, in dem sie zum Beispiel zugeben, Maschinengewehre zu besitzen oder Mitglied der FMLN zu sein – ein Geständnis, das in den allermeisten Fällen später, vor einem ordentlichen Gericht, widerrufen wird.

Was bringt denn Leute dazu, diese Geständnisse, oft mit dem Namen anderer Personen versehen, oft auch blanko auf weißes Papier unterzeichnet, zu geben? Die Antwort liegt auf der Hand: Es ist die Folter, die durch den Erlaß Nr. 50 ihren rechtlichen Freiraum bekommen hat. Die Gewalt, der Terror, die Quälerei von Menschen ist hier legalisiert. Die Gefangenen werden bis zu zweiundsiebzig Stunden hintereinander verhört, kein Essen, kein Wasser, kein Schlaf, dauerndes Licht, die Maschinenpistole liegt neben dem Befrager, Elektroschocks sind üblich. Die willkürlich Festgenommenen wissen in aller Regel überhaupt nicht, warum es gerade sie getroffen hat. Aber nicht der Staat muß ihnen ein Vergehen nachweisen, sondern sie müssen sich reinwaschen vom allgegenwärtigen Verdacht der Subversion; in der Regel werden sie auch nach Äußerungen von Priestern oder kirchlichen Mitarbeitern gefragt; nur die fundamentalistischen Gruppen der neuen religiösen Rechten gelten als zuverlässig und staatstreu. Die Furcht, der Terror sind allgegenwärtig.

»Es hat sich etwas verändert«, erzählt der Pfarrer der Gemeinde »Maria, Mutter der Armen« in einem Slum, »aber nicht viel. Sie töten jetzt keine Bischöfe mehr, nur die Führer der Landgemeinden und die Katecheten. Und ihr könnt die Bomben hören, die sie dort drüben auf die Dächer werfen. Die Todesschwadrone töten jetzt weniger, aber die Ursachen der Ungerechtigkeit sind dieselben geblieben oder noch schlimmer geworden. Die Folter haben sie mehr spezialisiert, es gibt vierzig Methoden zu foltern. Sie machen es raffinierter, so daß keine sichtbaren Spuren bleiben. Tausende werden zu Flüchtlingen gemacht, mehr denn je. Für uns bringt der Krieg nur Vernichtung. Wieso haben wir hier für siebzehntausend Menschen in dieser Gemeinde nicht einmal Land?«

Was sind die theologischen Antworten der Menschen auf das Leiden? Der Generalvikar der Erzdiözese San Salvador, Monsignore Ricardo Urioste, sagte uns: »Diese Jahre des Schmerzes haben zwei Dinge hervorgerufen: Wir hatten die Gelegenheit, ein Volk, das innerhalb der politischen Situation ohne jede Hoffnung ist, auf Gott hoffen zu sehen. Und wir haben die Kirche neu und anders verstanden. Wir glauben, daß die Armen in El Salvador eine Option für die Kirche ergriffen haben; ob die Kirche immer die Option für die Armen ergriffen hat, das wissen wir nicht. Jedenfalls sind es die Armen, die uns evangelisieren, die zu uns predigen. Manchmal, wenn man sich deprimiert fühlt und nur wenig Zeit mit den Armen zubringt – es ist nicht zu fassen, wie sehr es einen verändert.

Vor drei Jahren kam eine Frau zu mir, deren Tochter und Nichte waren weggeholt worden. Einen Tag später fand sie die beiden Leichname, die Köpfe waren abgeschnitten. Ich wußte nicht, wie ich sie trösten sollte, mir versagte die Stimme, aber die Frau fing an mich zu trösten! Sie sagte zu mir: ›Monsignore, ich habe einfach meine Bibel aufgeschlagen, ich las den 92. Psalm und fühlte mich getröstet.‹ Ich schlug den Psalm nach, als ich zu Hause war, und verstand ihn zum ersten Mal. Gott ist der einzige

Retter. Das gibt uns Hoffnung: ein Volk, das Glauben hat, nicht diesen passiven Glauben, sondern einen aktiven... In der Kirche brauchen wir heute eine wirkliche Konversion.«

Vielleicht hat Oscar Romero den Menschen in San Salvador am meisten damit geholfen, daß er die Ermordeten »Märtyrer« nannte und damit dem Volk die einzig einleuchtende und annehmbare Deutung des unvorstellbaren Leidens gab. In der Gemeinde »Maria, Mutter der Armen« arbeitet Padre Daniel; sein Vorgänger wurde aufgegriffen, gefoltert und schließlich des Landes verwiesen. Auch hier ist die Angst – sogar die, ein Wort wie Gemeinde *(comunidad)* auszusprechen, überall gegenwärtig. »Gestern feierten wir das Jahresgedächtnis der Märtyrer Padre Octavio Ortiz und Schwester Sylvia. Das hilft uns aus der Lethargie und Totheit, in der wir sind, heraus. Aus dem Leiden kommt größere Kraft. Die Leute hier, Umgesiedelte und Erdbebenopfer, haben ein starkes Selbstvertrauen entwikkelt. Die Gemeinschaft – nach der wir uns oft sehnen –, sie haben sie.

Und wie sie uns lehren zu dienen! Am letzten Samstag habe ich drei Hochzeitspaare getraut. Sie haben alle schon eine Menge Kinder, und ich fragte sie, warum sie denn heiraten wollten. Die Antwort war, um der Gemeinde zu dienen. *Al servicio de la comunidad.* Es geht ihnen nicht nur um die Familien. Wir haben hier ein Wohnungskomitee gegründet und bauen einfache Hütten. Als die ersten Häuser fertig waren, wurden sie an die Witwen gegeben, nicht an die Mitglieder des Komitees! Ich kann euch Hunderte von Beispielen dieser Art geben. Die jungen Leute fischen im See und wenn sie nach Hause kommen, dann sehen sie sich nach denen um, die nicht fischen gehen können, ältere Frauen und solche mit kleinen Kindern, und bringen ihnen Fisch. Ich kann euch versichern, es gibt hier in dieser Gemeinde neue Werte in der Gesellschaft! Die Leute leben das Evangelium, sie haben Hoffnung für das Volk und Vertrauen in das Volk. Sie sind die Subjekte ihrer Geschichte geworden. Ihr könnt es auch an den Festen sehen, die sie feiern – mitten in Kummer und Elend wird die Freude gelebt. Gott zieht heute durch Zentralamerika. In den Liedern Jesajas taucht der Gedemütigte und Verachtete auf. Er wurde als der Messias, als ein Prophet oder als das Volk gedeutet. Selbst wenn die Leute es nicht wissen, sie sind dieser leidende Knecht Gottes, sie sind Licht für uns alle.«

Auf den leidenden Gottesknecht in San Salvador verweist auch der bedeutendste gegenwärtige salvadorenische Theologe, Padre Jon Sobrino. »Er hatte weder Gestalt noch Schöne, daß wir nach ihm geschaut hätten« (Jesaja 53,2). Die Armen haben keine Zähne, sie erwecken Ekel, sie waschen sich nicht. »Er war der Allerverachtetste und Unwerteste, voller Schmerzen und Krankheit. Er war so verachtet, daß man das Angesicht vor ihm verbarg; darum haben wir ihn für nichts geachtet« (Jesaja 53,3). Der Gottesknecht lebt unter den Gottlosen, unter Leichnamen. Die Leute wenden sich von ihm ab, sie weisen die Folteropfer zurück. Die verschwundenen und die versteckten Massengräber sollen unsichtbar bleiben – auch davon spricht Jesaja. »Und man gab ihm sein Grab bei Gottlosen und bei Übeltätern, als er gestorben war, wiewohl kein Betrug in seinem Munde gewesen ist« (Jesaja 53,9). »Es ist um unserer Sünde willen.« Wie der Gottesknecht das Licht aller Menschen sein wird, so befördern auch die Armen das Heil anderer.

»Die Armen«, so erzählt Jon Sobrino, »nehmen Gott an, sie hören das Evangelium nicht so sehr als Wahrheit, aber als gute Botschaft. Ich habe nirgendwo die Messe so fröhlich, so jubelnd gefeiert als mitten unter den Armen.

Sie retten uns, sie helfen uns. Im Flüchtlingslager *Calle real* brachten sie acht große Papierrollen mit Namen beschrieben, das waren die eintausendvierundsechzig Toten der Gemeinde, achtzig bis neunzig Prozent von ihnen von der Armee massakriert. In die Mitte legten sie ein Bild des auferstandenen Christus. Sie hatten auch vierzehn Kinderfotos dabei. Was sie tun, vermenschlicht uns alle, es evangelisiert uns.«

»Wir hören Gott im Leiden der Armen. Das ist unser ›von unten‹! Aber ist die erste Welt, strukturell geredet, bereit für die gute Nachricht?«

Welches Recht haben wir in der Ersten Welt, an deren Gleichgültigkeit und objektivem Zynismus wir partizipieren, die Theodizeefrage zu stellen? Den Armen zuzuhören und von ihnen zu lernen bedeutet, diese Frage zu verwandeln. Die religiöse Frage an das Leiden ist dann nicht mehr die so oft gehörte: Wie konnte Gott das zulassen?, sondern die schwerere, erst zu lernende: Wie werden unsere Schmerzen zu Gottes Schmerz, und wie erscheint Gottes Schmerz in unseren Schmerzen? Indem ich von »Gottes Schmerz« spreche, befreie ich mich vom Zwangsdenken des Patriarchats: Gott als Machthaber, Gott an der Spitze hierarchischen Denkens, Gott als Omnipotenz – vor diesen theologischen Denkformen des Patriarchats empfinde ich Ekel und Verachtung. Und der sich selbst genügende, wandellose, ewige Gott jenseits von Bedürfnis und Verwundbarkeit kann auf die Frage des menschlichen Leidens nicht bzw. nur zynisch antworten. Dieser Gott muß angeklagt werden, und unsere Sehnsucht danach, ihn zu verteidigen, läuft ins Leere. Unter den geistigen Bedingungen des Patriarchats, unter der Theologie des Allmächtigen, ist der Streit um die Theodizee noch das Beste, was herauskommen kann. Indem ich versuche, Gottes Schmerz zu benennen, rücke ich dieses falsche Denken zurecht. Ich rede nicht über etwas, das Gott vermeiden oder abschaffen könnte.

Wenn wir von Gottes Schmerzen sprechen, dann haben wir eine andere Gottesvorstellung als die rein männliche. Gott ist dann unsere Mutter, die weint über das, was wir einander antun und was wir unseren Geschwistern, den Tieren und Pflanzen tun. Gott tröstet uns, wie es eine Mutter tut: Sie kann den Schmerz nicht weg-zaubern (obwohl auch das gelegentlich vorkommt!), aber sie hält uns so lange in ihrem Schoß, bis wir wieder aufstehen und neue Kraft haben. Gott könnte uns nicht trösten, wenn sie uns nicht im Schmerz verbunden wäre, wenn sie nicht diese wunderbare und seltene Fähigkeit hätte, den Schmerz eines anderen am eigenen Leibe zu spüren. Mitleiden, mit dasein. Die Evangelien beschreiben Jesus als einen, der diese Fähigkeit hat. Wenn in seiner Gegenwart jemand ins Gesicht geschlagen wird, so zuckt er zusammen, spürt er es auf seiner Wange. Wenn jemand in seiner Gegenwart belogen wird, so ist sein Bedürfnis nach Wahrheit präsent. Wenn ein ganzes Volk unter der brutalen Macht des Imperiums unterdrückt wird, so weint er über seine Stadt Jerusalem.

Ich habe eben realistisch-einschränkend gesagt »wenn in seiner Gegenwart«. Versuchen wir einmal, Gott zu denken, und nehmen diese Einschränkung weg. Alle Leidenden sind in der Gegenwart Gottes. Es gibt kein »Wenn« mehr. Gott vergißt nicht. Die *Praesentia Dei* ist nie bloße beobachtende Anwesenheit; immer Schmerz oder Freude Gottes. Ohne den Schmerz Gottes ist Gott nicht wirklich präsent, sondern taucht nur auf wie ein das Volk gelegentlich visitierender Regierungspräsident. Aber Gott nimmt teil an unserem Leiden. Gott ist hier und leidet mit uns. Wirklich? In jedem Leiden, jeder verletzten Eitelkeit, jedem Zahnweh, jedem Frust, den das Leben uns antut? Ich denke, bevor wir Gottes Schmerz und unsere Schmerzen zusammendenken können, müssen wir sie unterscheiden lernen.

Das Neue Testament ist an diesem Punkt sehr klar, Paulus unterscheidet im 2. Korintherbrief zwischen der »Traurigkeit der Welt« und der »gottgemäßen Traurigkeit« (7,10). Von der Traurigkeit der Welt sagt er, daß sie den Tod herausarbeite. Sie kennt keine Hoffnung, sie führt zu nichts. Ich denke bei der »Traurigkeit der Welt« an diese furchtbaren Wohlstandskrankheiten, die sich unter uns ausbreiten, wie der Alkoholismus, die Magersucht, der Arbeitsalkoholismus, um nur einige zu nennen. Diese Krankheiten entstehen im Klima des Wohlstands, der unsere nicht-materiellen Bedürfnisse ignoriert und sie so manipuliert, daß sie sich in Suchtabhängigkeiten verwandeln. Menschen werden zu Opfern einer scheinbar reichen, wohlgeordneten Welt und tragen an ihrem Leib und ihrer Seele die furchtbare Unordnung und die geistige Verarmung des Ganzen aus.

Paulus stellt dieser »Traurigkeit der Welt« eine andere gegenüber: »Denn die göttliche Traurigkeit wirkt zur Seligkeit eine Reue, die niemand gereut; die Traurigkeit der Welt aber wirkt den Tod« (2. Korinther 7,10). Was ist diese »Betrübnis wie Gott sie will?«. Dieser andere Schmerz, der nicht nur um sich selber kreist, sondern Umkehr hervorruft? Wie unterscheiden sich unsere Schmerzen, die so oft nur die Traurigkeit der Welt ausdrücken, von Gottes Schmerz?

Ist nicht aller Schmerz, jedes schwere Leiden, jede Art von Folterqualen ein solches Unglück, daß wir es als unerträglich mit allen uns zur Verfügung stehenden Mitteln bekämpfen, wenn möglich abschaffen oder zumindest unsichtbar machen und verdrängen sollten? Das ist die Antwort einer atheistischen Konsumkultur. Sie heißt: Weg damit! Nimm die Pille! Dann doch lieber gleich weg! Das Leiden wird weggedrängt wie ein lästiger Schatten. In diesem Lebensentwurf ist der Mensch gedacht wie eine Maschine: Sie funktioniert, sie produziert, sie läuft, oder sie ist kaputt, tut's nicht mehr und muß entweder ganz oder in Teilen ersetzt werden. Dieses technokratische Maschinenmodell beherrscht unser Denken. Die Maschine empfindet keinen Schmerz.

Es gibt manche Theologen, die kommen mir so vor, als stellen sie sich Gott wie eine unzerstörbare Großmaschine vor. Sie funktioniert angeblich auch nach einem Atomkrieg und der Zerstörung der Schöpfung weiter. In solchen Gottesphantasien sehe ich zwar die Macht, Größe, Unabhängigkeit Gottes geradezu perfekt ausgedrückt, nur kann ich in diesem Denken keinen Hinweis auf Gottes Schmerz, auf Gottes Verbundenheit entdecken und finde es darum schwierig, innerhalb eines solchen Denkens an Gottes Liebe zu glauben. Der total transzendente Gott ist uns nicht durch Schmerz verbunden und die Unterscheidung des Paulus zwischen der Traurigkeit der Welt und der gottgemäßen Traurigkeit *(lypä kata theon)* verliert dann ihren Sinn, wenn in Gott keine Traurigkeit wohnt.

Im Kontext der paulinischen Briefe bedeutet Betrübnis meist das, was dem Apostel als Verkünder der Befreiung an Widrigkeiten widerfährt: Behördenschikanen, Gefängnis, Lebensbedrohung, Folter, Tod. Paulus bemißt die beiden Arten von Trauer in der Welt und die Gottes daran, was sie bewirken. Die göttliche Trauer entsteht aus dem Schmerz Gottes über eine barbarische, vom Unrecht und der Zerstörung des Lebens erfüllte Welt. An diesem Schmerz Gottes teilzunehmen heißt, die Trauer Gottes wahrzunehmen. »Ihr habt ihren Sinn begriffen. Welchen Eifer hat sie in euch geweckt! Ihr habt euch zur Wehr gesetzt! Ihr wart empört und erschrocken, ihr habt euch nach einer Änderung gesehnt, ihr habt sie erzwungen und habt die Schuldigen zur Rechenschaft gezogen« (2. Korinther 7,11, nach J. Zink). Wir müssen die Briefe des Paulus lesen als Dokumente des Widerstands gegen die römische Staatsmacht, die sich aus dem Glauben an den befreienden Christus ergab. Zeichen einer Traurigkeit, die Gott will, sind dann: sich empören, sich zur Wehr setzen, sich nach Änderung sehnen und sie erzwingen, die Schuldigen zur Rechenschaft ziehen.

Diese Traurigkeit dreht sich nicht im Kreise, sie brütet nicht über sich selber. Es ist eine Traurigkeit, wie wir sie in Herzen der Widerstandskämpfer gegen die Ausrottung der Schöpfung und die Ausplünderung der Armen finden. Es ist die Traurigkeit, die in Martin Luther King war und in Dag Hammarskjöld, das nicht einzuschläfernde Entsetzen über die Brutalität eines Systems, das funktionieren will, aber nicht an Gottes Schmerz partizipiert und Gottes Verletzlichkeit nicht wahr hat.

Auch im Johannesevangelium ist die vorausgesetzte Situation der christlichen Gemeinde die der Verfolgung im Römischen Reich. Die Christen dieser kleinen Gemeinde am Ende des ersten Jahrhunderts in Palästina haben ihr Leben, ihren Alltag als Angstgefängnis erlebt; das Wort »Welt« hat hier nicht mehr den altgriechischen Sinn von Kosmos, Ordnung, Schmuck, Schönheit, es drückt vielmehr vor allem die Feindschaft gegen Gott aus, eine Welt voller Gefahren und Lügen, eine Welt, die Gott haßt, die Licht und Leben zerstört, in der die Gemeinde Angst hat, »In der Welt habt ihr Angst« (Johannes 16,33).

Das Leben ist aussichtslos, und vielleicht ist Maria Magdalena in ihrem Weinen und immer weiter Weinen, in ihrer Untröstlichkeit über die Ermordung Jesu die deutlichste Zeugin für den Schmerz, der in dieser Welt der Verfolgung und des triumphierenden Unrechts die Minderheit der

Christen in ihrem Lebensgefühl bestimmte. Maria Magdalena klagt Gott nicht an, sie verteidigt ihn nicht, sie weint, das heißt, sie ist viel tiefer in Gott, als die Anklage oder die Verteidigung sein können. Um anzuklagen, müßte sie in Distanz zu Gott sein, sie wäre weggelaufen wie die männlichen Jünger. Aber sie ist in Gottes Schmerz. »Wahrlich, wahrlich, ich sage euch«, sagt der johanneische Christus, »ihr werdet weinen und wehklagen, aber die Welt wird sich freuen« (Johannes 16,20). Die sich freuen, das sind die, die die Triumphzüge der römischen Kaiser bejubeln, wenn wieder ein kleines Volk in die Knie gezwungen, gebrandschatzt, vergewaltigt und in Sklaverei verkauft wird. Die Welt wird sich freuen – das sind die glanzvollen Gladiatorenkämpfe und Sportshows, die die Römer abhalten, um vom Elend des Hungers abzulenken. »Ihr werdet weinen und wehklagen«, weil in einer Welt der legitimierten Gewalt jedes Wort, das ernsthaft von Gerechtigkeit und Frieden spricht, niedergeknüppelt und verhöhnt wird. Die Römer wußten genau, welche Bedrohung die christlichen Gemeinden für den politisch-religiösen Staatskonsens darstellten.

Der Besuch, den ich in El Salvador gemacht habe, hat mir geholfen, das Neue Testament besser zu verstehen. In diesem winzigen Land unter dem Militärstiefel des Imperiums weinen und klagen die Armen, wenn ihre Ernten verbrannt, ihre Lehrerinnen und Gewerkschafter verschleppt werden und damit verschwunden sind. Wenn die Geheimdienste und Sicherheitskräfte unter dem Dekret Nr. 50 vierzehn Tage lang alle Gefangenen beliebig und ungestört foltern. »Ihr werdet weinen, aber die Welt wird sich freuen.« Das Fernsehen, fest in der Hand des Imperiums und seiner lokalen Kollaborateure, bringt zur selben Zeit Sport und Modenschaus. Jeden Tag fließen anderthalb Millionen Dollar hauptsächlich als Militärhilfe in das winzige Land, angeblich zur Befriedung, in Wirklichkeit zu dem sich immer weiter schleppenden Krieg gegen das Volk. Anderthalb Millionen Dollar täglich für Napalm und Elektrofoltergeräte, für Tiefflieger, die die Bevölkerung zur Flucht zwingen, für Wachtürme und Stacheldraht, für Militärstiefel und Blut.

Gottes Schmerz und unsere Schmerzen – in El Salvador sind die Schmerzen der Armen auch die Schmerzen Gottes. Gott leidet mit ihnen und Gott verwandelt ihren Schmerz. Gott wird sie befreien, Gott wird das Land heilen. Das wichtigste Bild, das die Bibel für Gottes Schmerz in der Welt benutzt, ist ein Bild aus der Erfahrung der Frauen, das Bild des Gebärens. Im Zusammenhang der Weissagung vom Knecht Gottes bei Deuterojesaja heißt es: »Ich habe lange geschwiegen, bin stille gewesen, habe an mich gehalten – jetzt will ich schreien wie die Gebärende... Blinden will ich Führer sein auf dem Wege, auf Pfaden sie leiten, die sie nicht kannten, will die Finsternis vor ihnen her zum Licht machen und holprigen Grund zum flachen Felde. Dies sind die Dinge, die ich tue und nicht aufgebe« (Jesaja 42, 14 und 16).

»Ihr werdet traurig sein«, heißt es in Johannes 16, »doch eure Traurigkeit wird zur Freude werden. Wenn die Frau gebiert, hat sie Traurigkeit, weil ihre Stunde gekommen ist; wenn sie aber das Kind geboren hat, denkt sie nicht mehr an die Angst um der Freude willen, daß ein Mensch zur Welt geboren ist. Auch ihr habt jetzt Traurigkeit; ich werde euch aber wiedersehen und euer Herz wird sich freuen, und eure Freude nimmt niemand von euch« (20b–22).

Wie geschieht die Verwandlung von fruchtlosem und sinnlosem Schmerz zu Gottes Schmerz? Wie kommen Menschen vom Schmerz in den Nieren zum Schmerz der Wehen, die eine Geburt einleiten? Wie verbindet sich unser Schmerz mit Gottes Schmerz? Und wie leuchtet Gottes Schmerz in unserem Schmerz auf?

Einmal ging ich abends spät durch eine abgelegene Straße in Manhattan. Ein Bettler hockte auf einem Lumpenbündel, und ich fürchtete mich vor diesem alten schwarzen Mann. Als ich ihm etwas gab, hob er den Kopf, schaute mich an und sagte klar und mit einer großen Würde: »God bless you.« Ich war bewegt, aber ich wußte nicht ganz, warum. Heute möchte ich sagen, daß Gottes Schmerz in seinem Schmerz sichtbar war. Indem ich teilnahm, wurde mein Schmerz ein anderer, meine Angst verließ mich. Mein Zorn kam wieder. All das, was Paulus den Korinthern über die Traurigkeit, die von Gott kommt, sagt, war gegenwärtig, ich war empört und erschrocken über dieses alltägliche Straßenbild. »Ihr habt euch zur Wehr gesetzt, ihr habt euch nach einer Änderung gesehnt und habt die Schuldigen zur Rechenschaft gezogen...« (2. Korinther 7,11). Ich wußte wiederum, warum ich die Menschen, die ich treffe, zum Frieden bekehren möchte, warum ich den Haß und den Abschreckungsterror derer, die heute um ihr Feindbild zittern, nicht mehr ertragen will.

Der alte Mann, der im reichsten Land der Erde und der Geschichte kein Obdach hat, evangelisiert mich, er bringt meinen Schmerz hervor, um sein Land, das ich liebe und achte. Aber ich trauere auch um mein Land, das seine Seele verraten hat in der Gier nach mehr Waffen, in der neurotischen Sucht nach mehr Sicherheit. Der Ekel vor der Welt, in der ich lebe, vor ihrer Brutalität und ihrer Gier nach mehr Tod, schlägt über mir zusammen, und mitten in dieser Welt der immer eleganteren und offener auftretenden Werbung für die Schönheit der Jagdbomber und der Panzer, mitten in dieser Welt, unter einer Industrie, die Profite der Mordindustrie, des ungebremsten wirtschaftlichen

Wachstums, die aus Tschernobyl nichts gelernt hat, mitten in dieser schimmernden und perfekten Lüge, bin ich mit meiner Traurigkeit nicht mehr allein: Gottes Schmerz umfängt meinen Schmerz, und die Traurigkeit, in der wir heute leben, wird eine verbindende, kämpferische und solidarische Kraft. Meine Kraft wächst aus meiner Trauer. Mein ganzer Versuch geht darauf, die »Traurigkeit der Welt« zu verwandeln. Ich glaube nicht, daß es möglich ist, die »Traurigkeit der Welt« in Freude zu verwandeln. Das wäre zuviel verlangt, als könnten wir die abgrundtiefe Trauer umorganisieren. Es wäre auch zu wenig verlangt, weil die »Traurigkeit der Welt« dann nur durch die Freuden dieser Welt, im wesentlichen die Freuden zu haben, zu besitzen, zu benutzen, zu konsumieren, abgelöst würde.

Ich denke, es ist unsere Aufgabe, die »Traurigkeit der Welt« in den Schmerz Gottes zu verwandeln, und mit dem Schmerz Gottes mache ich eine seltsame Erfahrung. Ohne daß der Schmerz gelindert, beschwichtigt, umgelogen würde, bringt er mich doch in eine tiefe Freude. Es ist, als berührte ich mit meinen Händen die Kraft des Lebens, die auch im Schmerz steckt, der ja biologisch der Protest des Lebens gegen Krankheit und Tod ist, der uns ja um des Lebens willen so weh tut. Ich rede nicht über einen Automatengott, der nach dem Schmerz schon wieder Freude schicken wird und nach Regen Sonne, ich sehe die Sonne im Regen. Die Kraft will ich nicht außerhalb des Schmerzes suchen gehen, das hieße ja, mich von Gott zu trennen und Gottes Schmerzen zu verraten. »Das Volk, das im Finstern wandelt, sieht ein großes Licht und über die da wohnen im finstern Lande, scheint es helle« (Jesaja 9,1). Von woher kommt ein solcher Satz, wenn nicht aus dem Schmerz Gottes! Wie können wir Finsternis und Licht zusammen sehen, wenn nicht in dem, der beides umfängt!

Es könnte jemand einwenden: »Ich höre die Musik, von

der du sprichst, aber warum soll ich den Schmerz, den sie ausdrückt, mit dem, was du Gott nennst, verbinden? Ich habe keine Verwendung für diesen Begriff.« Dieser Freundin möchte ich sagen: »Wenn der Schmerz nur Schmerz wäre, könnte ich ihn nicht Gottes Schmerz nennen. Weil er aber auf Freude hin orientiert ist, weil er von Freude getragen wird, darum nenne ich ihn Gottes Schmerz.« Dieses Zusammenkommen der Gegensätze, Freude und Schmerz, diese *coincidentia oppositorum* ist in unserer Sprache nur sehr schwer auszudrücken, weil wir dazu eine andere Logik als die gewöhnliche brauchen. Die Erfahrung eines solchen Schmerzes ist tatsächlich dem überwältigenden inneren Erlebnis der Geburt nah. Ein Kind »zur Welt zu bringen«, es gebären, ist eine ursprüngliche Erfahrung, in der wir dem Geheimnis des Lebens sehr nahe kommen. Es ist eine Erfahrung, die wir erleiden und vollbringen, wir sind passiv und aktiv beteiligt. Es ist eine Erfahrung, die Körper, Geist und Seele herausfordert und tief verändern kann. Es ist eine der großen Erfahrungen der Schöpfung, an der wir beteiligt werden. Es ist eine mystische Erfahrung, weil wir angesichts ihrer vor dem Geheimnis des Lebens selber stehen. Dieses Geheimnis des Lebens nennen die Religionen »Gott«, und meine religiöse Tradition schließt den Schmerz in das Geheimnis des Lebens ein. Sie setzt den Schmerz in Gottes Herz. Die »Teilnahme an der Ohnmacht Gottes in der Welt« ist es, zu der Jesus ruft – das ist das Vermächtnis des Theologen und Märtyrers Dietrich Bonhoeffer.[25]

Wenn wir über die Traurigkeit der Welt zur Traurigkeit, die Gott will, kommen wollen, dann müssen wir Gottes Schmerz wahrnehmen lernen. Dann wird unsere Frage auch lauten: Wie verhalte ich mich zu dem namenlosen Leid, das ich verursache? Wie stehe ich zu den Geschäften, die meine Bank in Zusammenhang mit Folterern und Rassisten tätigt? Wie gehe ich mit der großzügig betriebenen Lebensmittelvernichtung um? Wo bin ich mit der Kriegsindustrie (die Bertha von Suttner in klarem Deutsch die »Mordindustrie« nannte) verflochten? Wieviel Energie verbrauche ich und auf wessen Kosten? Wie lange ertrage ich es noch, Komplize eines Unrechtssystems zu sein? All diese Fragen gehören in die Frage nach dem Leiden. Wir können es uns nicht leisten, diese Fragen in ein politisches Kästchen zu stecken und unsere persönlichen Fragen an das Leiden in ein anderes Kästchen, als ob wir mit Gott nur im Rahmen des Privatkästchens zu tun hätten. Wenn wir so denken, dann nehmen wir Gott die Möglichkeit, unsere Schmerzen in seinen Schmerz hineinzuziehen, dann machen wir uns selber unfähig, an Gottes Schmerz teilzunehmen und ihn als Geburtswehen zu erfahren.

Wir wollen die Traurigkeit dieser Welt und unsere Schmerzen nicht mit den Methoden dieser Welt, mit Beruhigungsmitteln, auflösen. Gott ruft uns ja mitten in unseren Schmerzen zu sich in sein Reich. Gott will unsere persönliche Geschichte einbinden in seine große gute Geschichte. Wie kann das geschehen?

Pater Alfredo ist ein Priester in einer Basisgemeinde in Guatemala. Beim Anheben von zwei vollen Wasserkanistern hatte sein Rücken dem Gewicht nicht standgehalten, und beim Tragen war ein Wirbel herausgesprungen. Ein furchtbarer Schmerz überfiel ihn, schmerzstillende Mittel waren im weiten Umkreis nicht zu bekommen. Der Priester lag fünf Tage und fünf Nächte verkrümmt vor Schmerzen auf seinem Bett. Er sagte seinen Freunden, daß er dieses Leiden Christus »aufopfern« wollte. Das ist ein Frömmigkeitsbrauch aus der katholischen Tradition, in dem leidenden Menschen gelehrt wird, ihr Leiden Christus »aufzuopfern«. Eine Kranke, die große Schmerzen hat, wird von ihrem Seelsorger gebeten, ihr Leiden nicht zu verfluchen, sondern es in Geduld zu tragen, weil sie dann die Frucht ihres Leidens dem Schatz der Kirche hinzufüge.

Ich habe diesen Brauch und die dahinterstehende Theologie früher in meinem aufgeklärten Protestantismus belächelt und später in ihrem furchtbaren Mißbrauch, durch den die Armen und vor allem die Frauen in ewiger Ergebenheit gehalten werden sollen, kritisiert. Heute, da ich versuche, das bürgerlich-individualistische Verständnis des Leidens zu überwinden, ist mir dieser Gedanke viel näher. Ich verstehe Alfredo besser. Nicht die Technologie, so scheint er mir zu sagen, macht das Leiden erträglich, sondern eine veränderte Haltung zum Leiden; nicht die technologische Hoffnung – auf das richtige Medikament, den guten Doktor, die neue Methode – hilft uns, so gut sie ist, und so sehr gerade Padre Alfredo in seiner revolutionären Arbeit für sie kämpft. Aber um wirklich mit dem Leiden umzugehen, brauchen wir die theologische Hoffnung, die unsere Schmerzen mit Gottes Schmerz verknüpft.

Freiwillig leiden hat in vielen Menschheitstraditionen eine reinigende, versöhnende, rettende Kraft. Die gewaltfreie Bewegung hat mit Mahatma Gandhi, mit Martin Luther King immer an die Kraft solchen Leidens geglaubt. Auch unsere kleinen Ansätze in der westdeutschen Friedensbewegung, unter denen, die blockieren, sich verhaften lassen und zu Geld oder Haftstrafen verurteilt werden, zehren von diesem Glauben an die Macht und die Überzeugungskraft des freiwillig übernommenen Leidens.

In der katholischen Frömmigkeitspraxis vom aufgeopferten Leiden ist dieser Grundgedanke lebendig, ja er wird ausgedehnt, indem nun auch das verhängte, das aufgezwungene Leiden von uns verwandelt und zu einem freiwilligen gemacht werden kann. Wir fügen es dem Gnadenschatz der Kirche, der von Christus besorgt worden ist, hinzu. Zwei Elemente in dieser praktischen Theologie des Leidens leuchten mir ein, das sind die Elemente der Freiheit und der Solidarität. Das Leiden wird nicht nur erlitten, sondern angeeignet. Es wird so ein Teil meines Lebens, ein Teil meiner Freiheit. Ich bin frei, mit dem Leiden verbissen, frustriert, verzweifelt umzugehen oder es »Christus aufzuopfern«. Der Priester Pater Alfredo hat das Leben für die Armen und mit den Armen, die keine schmerzstillenden Mittel haben, gewählt. Indem er das zufällige brutale Leiden jetzt auf seinem Schmerzenslager im Licht Christi versteht, indem er es Christus schenkt, macht er es zu einem Element seiner Freiheit. Er lebt auch jetzt nicht einfach als ein Ausfall, eine Qual für sich, eine Bürde für die anderen. Er lebt vielmehr auch jetzt Gottes spezielle Vorliebe für die Armen. Sein persönlicher Schmerz wird ein Teil von Gottes Schmerz.

Das zweite theologische Element, das hier sichtbar wird, ist die Gemeinschaft. Das Leiden wird entprivatisiert. Es gehört nicht nur einem geschundenen Körper. Es wird zu einem Teil des Lebens aller. Indem es Gott gegeben wird, kommt es allen zugute. Du leidest nicht nur für dich allein, nicht nur zu pädagogischen Zwecken deiner Selbstvervollkommnung, wie es oft im Protestantismus gedacht wurde.

Und wem soll das nützen? fragen wir vielleicht immer noch in unserer rationalistischen Erfolgsbesessenheit. Ich glaube, es nützt Alfredo, weil es ihm erlaubt, auch diese Tage und Nächte seiner Schmerzen nicht als sinnlos, unproduktiv, Ausfall abzuschreiben. Es nützt ihm dabei, jetzt als Mensch (nicht als Abgestellter) zu leben. »Ist mein Leiden in Gott und leidet Gott mit, wie kann mir dann das Leiden ein Leid sein«? fragt Meister Eckhart.[26] Es nützt auch denen, die Pater Alfredo sehen und hören. Vielleicht werden sie anders, wacher, dafür beten und daran arbeiten, daß sie einen Gesundheitsposten in ihre Region bekommen. Und es nützt Gott, wenn er etwas geschenkt bekommt. Pater Alfredo hilft Gott dabei, Gottes Schmerz zu tragen. Er teilt Gottes Schmerz.

Dieser Text erschien in: Marco Olivetti (Hrsg.): Teodicea Oggi? Archivo de Filosofia, Anno LVI – 1988 N 1–3. Cedam, Roma.

Sechstes Kapitel
Christus, der Mensch für andere

Es gibt viele Anfragen des Zeitgeistes an den christlichen Glauben, solche, die mit Worten in Gesprächen und Diskussionen gestellt werden, aber noch häufiger solche, die sozusagen mit den Füßen, im heimlichen oder offenen Auszug aus den Kirchen, gestellt werden. Um diese letzteren, meist nicht artikulierten, in einem tieferen Sinn aber durchaus kritischen Fragen geht es mir hier.

Wenn ich versuche, nicht-kirchlichen Menschen zu erklären, warum ich »noch«, wie es dann meistens heißt, Christin bin, dann beginne ich nachzudenken über drei Phasen meiner eigenen religiösen Entwicklung, die mir sehr typisch für das Verhalten der Menschen in der Industriekultur zu sein scheinen. Die erste Phase durchleben die meisten von uns während ihrer Kindheit, wenn sie im Sinne der religiösen Normen und Sitten, Glaubensinhalte und Praktiken ihrer Vorfahren erzogen werden. Das religiöse Empfinden unserer Vorfahren erwuchs im kulturellen Klima der Kleinstadt oder des Dorfes, in dem die Kirche im Zentrum des sozialen und geistigen Lebens stand. Mythen und Überlieferungen, Werte und ethische Normen waren verwurzelt und zentriert in Traditionen, die man einfach übernahm. Ich nenne diese religiöse Phase die des Dorfes. Auch heute gibt es noch Menschen, die ihr ganzes religiöses Leben »im Dorf« zubringen. Aber die große Mehrheit ist ausgewandert in die Großstadt, wenn nicht in Wirklichkeit, dann doch vom Gefühl her: Sie hat aufgehört, zu beten und zur Kirche zu gehen.

In dieser zweiten Phase gerät die Religion, die langsam, aber sicher alle Macht über die Leute verliert, entweder in Vergessenheit oder in den Brennpunkt bewußter Kritik, in der Menschen sich fragen, wie sie sich von einer Religion befreien können, die ihnen übergestülpt wurde, wie sie sich von der »Gottesvergiftung« (Tilmann Moser) heilen können. In dieser zweiten Phase verwerfen die meisten ihr religiöses Erbe und leben als nach-christliche Bürger in der säkularen Stadt.

Aber mit diesem Auszug, dieser Verstädterung, diesem Industrialismus ist die Geschichte der Religion nicht beendet. Die Widersprüche des Lebens in der Stadt, die Heimatlosigkeit, die Auflösung von lebensnotwendigen Riten und Gebräuchen macht viele unsicher und schickt sie auf die Suche nach *religio,* Rückbindung, nach unverletztem Ursprung. Wohin sollen sie sich wenden? Etwa zurück ins Dorf, wie die Kirchen es vielfach empfehlen? Zurück zu den verbrauchten Autoritäten und Regeln? Den Orgeln und Konfirmationsritualen? Ich glaube, daß es noch eine dritte Phase gibt. Nach der religiösen Geborgenheit im Dorf, nach dem religionsfreien Auszug in die kalte Stadt entscheiden sich Menschen bewußt für neue Formen der Religion. Heute sind sie noch in der Minderheit, doch die Zahl derer, die fromm sind, aber nicht im Sinne des alten Dorfes, wird wachsen. Zwei Dinge scheinen mir wichtig für diese dritte Phase des religiösen Bewußtseins. Einmal, es ist eine *bewußte* religiöse Entscheidung. Die Religion des Dorfes hat man geerbt, man wurde in sie hineingeboren. Die neuen Formen von Religion – seien sie christlich oder fernöstlich oder aus anderen Kulturkreisen – sind bewußt gewählt.

Religion läßt sich heute nicht mehr ererben, das ist ein Ergebnis der Aufklärung und dieses Menschheitsumzuges in die Stadt. Damit hängt ein zweites Element zusammen:

Die Entscheidung für eine religiöse Überzeugung erfolgt kritisch, nicht naiv. Nicht alles wird rezipiert, wir verhalten uns selektiv, auswählend. Schon Lessing hat das verstanden, als er fragte: »Soll ich denn die Arznei mit der Schachtel fressen?« Muß ich jedes Wort in der Bibel glauben und befolgen? Die Antwort darauf ist ein klares Nein. Auch die strikt Bibelgläubigen heiraten nicht die Frau ihres Bruders, wenn dieser stirbt! Die Autorität – des Pfarrers, der Schrift, der Amtskirche – ist mit dem Auszug aus dem religiösen Dorf dahin, sie läßt sich nicht wiederherstellen. Wer zu einer kritischen Bejahung des Glaubens gekommen ist, nach einer intensiven Auseinandersetzung in der zweiten Phase, der kämpft nun auch um die Entwicklung neuer Lebensformen der Religion.

Ich vermute, daß heute viele auf dem Weg von Phase zwei zu Phase drei sind. Vor allem innerhalb der christlichen Frauenbewegung und der feministischen Theologie gibt es eine Suche, die nicht autoritär – zurück ins Dorf, zur väterlichen, pfäffischen Autorität! – abgeblasen werden kann. Aber auch außerhalb der abendländisch-christlichen Horizonte lassen sich viele Menschen auf die Suche nach einem neuen religiösen Haus ein, nach neuen Formen und Ritualen, nach einer Frömmigkeit in einer ganz anderen Sprache, nach neuen Ausdrucksformen und Leitbildern. Ich kenne eine Reihe von jungen Leuten, deren Eltern noch mit dem Übergang von Phase eins zu Phase zwei zu kämpfen hatten und die sich dann zunächst erleichtert in der weitgehend religionsfreien Großstadt angesiedelt haben. Ihre Söhne und Töchter haben mit diesen Auseinandersetzungen nichts mehr zu tun, sie erzählen mir begeistert von Zen-Meditation, von einem Sufi-Meister und so weiter. Sie suchen Gurus, Lehrer, Meister, Vorbilder. Oft identifizieren sie das Christentum so sehr mit dem Dorf ihrer Großeltern, daß sie es für hoffnungslos abgelebt halten. Ich versuche dann, ihnen und den anderen Bewohnern der säkularen und langweiligen Stadt etwas von Jesus zu erzählen, dem zum Klischee erstarrten, aber ganz unbekannten Meister, Guru, Lehrer, Vorbild, Befreier der christlichen Tradition. Ich versuche, ihnen die Jesusfrömmigkeit und auch die Lehre über Jesus nahezubringen.

Der Fachausdruck für das Nachdenken über Jesus Christus heißt Christologie, und so habe ich drei gewöhnliche Fragen ausgesucht, die ich persönlich als Anfragen erlebt habe. Ich will, an ihnen entlanggehend, versuchen, eine Christologie darzustellen, die nach meiner Überzeugung heute nur im Dialog mit Christen anderer Weltgegenden, also ökumenisch, entstehen kann. Weil ich glaube, etwas von diesen Christen der armen Welt gelernt zu haben, wird die Christologie eine »von unten« sein müssen.

Vor vielen Jahren, ich war noch eine schüchterne kleine Studentin, fragte ich einen Mann an einer Baustelle: »Wissen Sie vielleicht, wieviel Uhr es ist?« Er gab mir eine merkwürdige Antwort, die mich damals ganz sprachlos machte. »Bin ich Jesus?« sagte er in einer Art gutmütigen Spottes. Immer wenn ich darüber nachdenke, wer dieser Jesus und gar dieser Christus für uns heute sein soll, kommt mir dieser Mann mit seiner Frage in die Quere. Bin ich Jesus?!

Jesus ist für diesen Arbeiter aus einer anderen Welt. Ein himmlisches Wesen, das mit uns nichts zu tun hat, alles sieht, hört, weiß und kann. Die kirchliche Sprache, die ihn Messias, Herr, Sohn Gottes, den Christus genannt hat, bekommt hier ihre Quittung. Das habt ihr davon, möchte ich den Vordenkern und Vätern des Glaubens sagen, wenn ihr Jesus zum unerreichbaren, ganz anderen Supermann, ja zum Gott macht! Das ist genau das, was unten herauskommt aus eurer steilen Christologie, die das Gott-Sein Jesu auf Kosten seiner Menschlichkeit zelebriert, so daß von ihr nichts Vernünftiges mehr übrig bleibt, höchstens ein Sonntagsausflug des Himmelswesens, das kurz mal in Bethlehem abgestiegen ist! Die Christologie von oben, die bei den gott-haften Seiten Jesu ansetzt, aus ihm einen unsterblichen Allwissenden macht, endet im »Doketismus«, wie man jene falsche Lehre in der theologischen Fachsprache nennt, die Jesu Menschlichkeit und vor allem sein Leiden nur als scheinhaft wahrhaben will.

Diese falsche Art, Jesus zu vergöttern, ist unter uns ganz üblich. Als junge Religionslehrerin fragte ich einmal die Schulkinder, ob sie meinten, daß das Jesuskind auch nasse Windeln hätte. Die meisten kleinen Mädchen lehnten das entschieden ab! Jesus, auch schon das Christkind, muß anders, höher, reiner sein. Meine eigenen Kinder glaubten lange Zeit, das Christkind sei ein Mädchen. Diese Art Kinderreligion ist zwar erfreulich in ihrem Gefühl dafür, daß Jesus beides, das Männliche und das Weibliche verkörpert. Aber es deutet sich darin auch die Vorstellung von einem Unwirklichen, Geschlechtslosen an – als sei Jesus eben nicht ein richtiger, gewöhnlicher Mensch wie wir alle. Martin Luther hatte darauf bestanden, Christus »ins Fleisch zu ziehen«, und genau deswegen redete ich ja über nasse Windeln! Aber die hohe Christologie zieht Jesus aus dieser Welt fort, er ist unerreichbar, unvergleichbar. Und vor allem können wir nicht leben, wie er lebte, das sollen wir gar nicht erst versuchen, das ist sowieso unmöglich. Wie kämen wir schließlich dazu, die Hungrigen zu speisen? Wo wir doch selber nicht viel mehr als fünf Brote und zwei Fische haben? Wie kämen wir dazu, die Mordindustrie nicht zu bedienen? Oder die Aussätzigen zu heilen? Sind wir Jesus?!

Heute würde ich dem Arbeiter an der Baustelle ein wenig offener und offensiver antworten. »Natürlich«, würde ich sagen, »sind Sie Jesus, Mann! Was wollen Sie denn sonst aus Ihrem Leben machen?! Daß Fritz Müller allein nicht reicht, das wissen Sie doch auch! Sie sind doch auch dazu geboren und in die Welt gekommen, um von der Wahrheit zu zeugen. Machen Sie sich nicht kleiner, als Sie sind. Mitläufer haben wir schon genug. Stellen Sie sich doch mal vor: Sie und ich und Ihre Schwiegermutter und Ihr Boß – sind Jesus. Was würde sich ändern? Es steckt doch etwas in uns... von Gott.«

So würde ich heute reden und dabei an das denken, was die Quäker mit dem merkwürdigen Ausdruck »das von Gott in dir«, *that of God in you,* nennen. Weil wir Christus in der Tat nicht verstehen können, wenn wir »das von Gott« in jedem Menschen nicht annehmen, nicht glauben. »Wird Christus tausendmal in Bethlehem geboren / Und nicht in Dir / Du bleibst noch ewiglich verloren«, sagt Angelus Silesius. Auf die Frage »Bin ich Jesus?« kann die Antwort nur heißen: Ja, warum eigentlich nicht?

Ich will eine zweite Art der modernen Anfrage an die Rolle Jesu benennen. Als ich mich einmal auf Weihnachten vorbereitete, fragte mich eine amerikanische, nicht-christliche Frau: »Was ist so besonders an Weihnachten? Daß ein Mann auf die Welt kommt und sich für Gott hält – was ist daran neu?« In dieser Bemerkung stecken zwei wichtige Kritikpunkte am überkommenen Christentum. Es ist eine Kritik am Patriarchat und eine an seiner Heldenverehrung. Die Hauptlüge des Patriarchats besteht darin, daß der Mensch mit dem Mann verwechselt wird. Viele haben immer noch nicht verstanden, daß das Ebenbild Gottes in der Bibel nicht ein Mann, Adam, sondern zwei Menschen, Adam und Eva, sind. Gott muß also nach dieser Religion ebenso weibliche wie männliche Züge haben. Sollte Jesus gekommen sein, um von dieser Wahrheit abzulenken? Sollte er die Selbstbeweihräucherung der Männer absegnen wollen und im Namen von »Vater, Sohn und Geist« gleich drei mannsbildliche Symbole heiligen?

Auch diese hier kritisierte Theologie und Lehre von Jesus denkt »von oben«. Der wirkliche Jesus in den Evangelien hielt sich eben nicht für Gott, es sei denn im Sinne der Mystiker, den ich eben ansprach. Jesus war ein frommer Jude, der aus der Kraft Gottes heraus sprach und lebte. Sein Gottbewußtsein hat er nicht dazu benutzt, sich für etwas Besseres zu halten, sich bedienen zu lassen, sich in den Vordergrund zu schieben. Er war nicht mit immer funktionierenden Wunderkräften ausgestattet; in Nazareth, wo niemand an ihn glaubte, konnte er nicht heilen. Es war für ihn nicht leichter, an Gott zu glauben, als es uns fällt. Er hatte keinen psychologischen Vorsprung ererbt.

Aber in der Kritik an dem Mann, der auf die Welt kommt und sich für Gott hält, steckt noch eine andere Anfrage, die man die nach der Christolatrie, der Christusvergötzung, nennen kann. Wieso brauchen wir denn überhaupt Helden, Gurus, Weise, Führer? Wieso soll da einer, der vor zweitausend Jahren lebte, für alle, die Späteren und in manchen Christus-Spekulationen auch die Früheren, das entscheidende Ereignis sein? Brauchen wir wirklich einen Heiland, einen König, einen Sieger, einen Erlöser? Der all das schafft, was wir nicht können, der liebt, wo wir nicht mehr lieben können, hofft, wo wir aufgeben, lebt, wo wir sterben? Diese Frage ist schwer zu beantworten, und ich glaube tatsächlich, daß wir mehr brauchen zum Leben als nur uns selbst. Der Individualismus, der in der Frage steckt, ist zu kritisieren. Aber wieder ist die Tradition einer Christologie von oben eher hinderlich. Einen weiteren Sieger, Richter, Helden brauchen wir nicht. Und einen Erlöser brauche ich auch nicht, wenn das Wort bedeutet, daß ein Übermächtiger mich aus einer miserablen Position, in der ich mich befinde, in eine gute, heile, andere Welt versetzt ohne meine Mitwirkung. Diese Zerrformen des Erlöstseins durch Christus können doch nicht gemeint sein!

Erlösen heißt in der Bibel soviel wie Befreien oder Retten oder Heilen. Christus ist nicht der Superheld, der plötzlich den Krebs oder die Atomkraft wegzaubert und abschafft. Wohl aber befreit er uns von der Furcht vor der Besessenheit von dem Übel und heilt, indem er uns die Angst wegnimmt, die unsere Heilkraft blockiert. Erlösen heißt, die Kraft Gottes, »das-von-Gott« in uns freizusetzen, darum sind Erlöste solche, die auf ihrer Menschenwürde bestehen. »Wenn ich in den Himmel komme«, so sangen die schwarzen Sklaven im Süden der Vereinigten Staaten, »dann geh ich überall frei herum, niemand wirft mich hinaus.« Der befreiende Christus dieser Menschen hielt ihre menschliche Würde, ihren Hunger und Durst nach Gerechtigkeit wach.

Nicht die Vergötzung Christi, die Christolatrie, ist das Ziel der christlichen Religion, sondern daß wir alle »in Christus sind«, wie der mystische Ausdruck heißt, daß wir an Christi Leben Anteil haben. Dieser Heiland ist ein verwundeter Heiler, und er heilt so, daß wir werden wie er. Sein wie er, lachen wie er, weinen wie er. Kranke heilen, auch die, die, ohne es zu wissen, erkrankt sind an den großen Neurosen unserer Gesellschaft, die kein Erbarmen mit sich und ihren Kindern kennen, wenn sie in die lebensfeindlichen Technologien und den Atomstaat einwilligen. Die Hungrigen speisen, das heißt, den Militarismus abzuschaffen. Die Kinder segnen, das heißt, die Bäume für sie stehen zu lassen.

Die Christolatrie ist das Gegenteil von dem, was das In-Christus-Sein bedeutet. Sören Kierkegaard hat diese Unterscheidung eingeübt, zwischen denen, die Christus bewundern, und denen, die ihm nachfolgen. Wenn ich ihn bewundere, dann erhebe ich ihn immer höher, ich habe ja nichts mit ihm zu tun, ich benutze die Bewunderung, um mich christusfrei zu halten. Er ist groß, ich hänge von ihm ab und will doch nicht seinen Weg gehen. Wenn ich ihm aber nachzufolgen versuche, dann ruft er mir niemals zu: Laß die Finger davon, du kannst sowieso nichts, ich habe schon ein für alle Mal alles geregelt. Seine Sprache ist ganz anders als die der Dogmatiker: Komm mit, sagt er, das vor allem, komm mit in Gottes Reich. In unsere Heimat, wo niemand geschlagen wird, keiner hinausgeworfen und abgeschoben. Sieh hin, sagt er zu mir und zeigt, wie die Lahmen zu gehen anfangen. Er sagt nicht: Schließ die Augen, ich mache schon alles.

Meine Beziehung zu Christus ist also nicht die eines Personenkults à la Stalin oder Hitler. Ich bin mit ihm auf dem Weg, aber hier muß ich richtiger »wir« sagen, weil das meiner Erfahrung vom Widerstand und der Reich-Gottes-Arbeit entspricht. Wir, die wir uns auf ihn einlassen, seinen Weg für den richtigen halten, sind mit ihm auf dem Weg. Wir bewundern ihn nicht, wir gehen mit ihm. Er ist unser »erstgeborener Bruder«, wie Paulus sagt. Die lateinamerikanische Frömmigkeit drückt das schön aus – sie spricht heute immer weniger vom König Christus *(Cristo rey),* dafür aber vom *compañero cristo.*

In gewissem Sinn drückt das Wort »Christus« daher ein Kollektiv aus. Wenn Jesus von Nazareth der arme Mann aus Galiläa war, der zu Tode gefoltert wurde, dann ist Christus dieses Nicht-Umzubringende, das mit ihm in die Welt gekommen ist und durch uns in ihm lebt. Wenn ich Christus sage, denke ich immer auch an Franziskus von Assisi und Hildegard von Bingen und Martin Luther King und an Ita Ford, die amerikanische Nonne, die in El Salvador ermordet wurde – sowie an alle Widerstandskämpfer, die heute im Gefängnis sitzen. Christus ist ein Name, der für mich Solidarität ausdrückt, also Mitleiden, also Mitkämpfen. Christus ist die geheimnisvolle Kraft, die in Jesus steckte und die weitergeht und uns manchmal zu »Narren in Christo« macht, die ohne Aussicht auf Erfolg und ohne Zweck das Leben mit anderen teilen. Das Brot teilen, das Obdach, die Angst und die Freude. Jesu Einstellung zum Leben war ja, daß man es nicht besitzen, horten, sichern kann. Teilen, weitergeben, geschenkt bekommen und weiterschenken, das ist es, was wir mit dem Leben tun können.

Damit bin ich bei einer dritten Anfrage von außen an diese Jesusbegeisterung, die in einer richtig verstandenen Kirche lebt. Ich war in einer theologisch-politischen Diskussion, und ich berief mich auf Jesus, da mischte sich ein älterer Herr, der bislang geschwiegen hatte, mit ein. »Was wollen Sie denn mit diesem Jesus? Er hat es doch zu nichts gebracht! Ich habe gar nichts gegen ihn, nur: Er hatte keinen Erfolg. Er ist umgebracht worden, wie viele andere vor ihm und nach ihm. Ich verstehe nicht, daß Sie ihm folgen wollen; wollen Sie denn auch ans Kreuz?« Dieser Mann war ein skeptischer, nicht-glaubender Jude. Ich versuchte zu sagen: »Mit dem Umbringen hat es ja nicht ganz geklappt, wie Sie sehen. Er lebt ja auch heute und hier noch.« Aber es war eines der Gespräche, in denen Skepsis und Glaube, ineinander verkrallt, miteinander ringen, ohne Ergebnis.

Natürlich hatte mein Gesprächspartner recht mit seiner historisch begründeten Skepsis. Nicht nur Jesus wurde damals verurteilt und getötet, sondern auch Christus stirbt immer wieder, vor unseren Augen. Er ist in unseren Kirchen verscharrt; in den Parteien, die sich mit seinem Namen dekorieren, zur Unkenntlichkeit korrumpiert; in seinen Symbolen – wie dem Zeichen des Kreuzes –, die zur Tötung Unschuldiger mißbraucht wurden, entstellt. Und doch will ich in und mit der Gemeinschaft der Glaubenden an diesem Jesus festhalten. Und eigentlich möchte ich auch die drei Menschen, von denen ich erzählt habe, für ihn gewinnen, den Arbeiter, der sagt: Bin ich Jesus? und die Frau, die an der Männerwirtschaft in der Männerkirche verzweifelt, und den jüdischen Skeptiker, für den der Gang der Geschichte die Widerlegung Jesu, das Scheitern seines Entwurfs bedeutet. Nicht, weil ich die Anfrage dieser Zeitgenossen für falsch halte, ich bin ja genauso mißtrauisch wie sie gegen den Doketismus und die Christolatrie, sondern weil dieser Jesus ein Geheimnis hat, das ihn stark macht und das mir immer wieder Kraft gegeben hat. Worin besteht das Geheimnis Christi? Warum ist er nicht umzubringen, weder durch seine Feinde noch durch seine Freunde?

Die christliche Tradition hat dieses Geheimnis mit den Wörtern »der Gesalbte des Herrn«, »Messias«, »Sohn Gottes«, »Gott als Sohn« zu formulieren versucht, und sie hat Christus in einem Paradox zugleich »wahren Menschen« und »wahren Gott« genannt. Aber wenn wir vom »wahren Gott« ausgehen, dann besteht die Gefahr, daß wir das »wahrer Mensch« verlieren. Wenn wir dagegen »von unten« denken, dann werden ganz andere Dinge als »Messias«, »Herr«, »Heiland«, »Erlöser« wichtig. Dann wird sichtbar, wer dieser Jesus eigentlich war: der uneheliche Sohn eines armen Mädchens, eines Teenagers; ein Arbeiter, der zu den Landlosen gehörte; ein Armer in jedem Sinn des Wortes, unter armen unbedeutenden Leuten lebend, ein Niemand aus einem Provinzstädtchen; ein Spinner, der »von Sinnen« ist, wie seine Familie befand; ein Subversiver, der von den Behörden gesucht wurde; ein Politgefangener, der gefoltert und schließlich zum Tode verurteilt wurde.

Das Bild, das so aus der realen sozialen Geschichte der Evangelien entsteht, gleicht nicht dem Sieger oder Richter, der mit den Zeichen der kaiserlichen Macht gekrönt wird, eher dem ausgemergelten Bauern des großen deutschen Bauernkrieges, wie Matthias Grünewald den Jesus dargestellt hat. Das Geheimnis Christi ist Geheimnis der Leidenden, der Verarmten, der Landlosen der Dritten Welt, die wir in den reichen Ländern in die Schuldsklaverei über Generationen verkaufen. Ohne diese Zugehörigkeit zu den Armen, ohne dieses Schicksal der Armen, aufgegriffen, willkürlich verhaftet, peinlich verhört, gefoltert und getötet zu werden, wie es heute den Campesinos in Lateinamerika, den Textilarbeiterinnen in Taiwan oder Südkorea, den schwarzen Kindern in Soweto und vielen anderen Orten geschieht, kann man Jesus nicht verstehen. Man kann den Ruf, dieses *Komm mit!* nicht hören, wenn man sich vor dem Schrei der Armen und ihrer Forderung nach Gerechtigkeit verschließt.

Worin besteht das Geheimnis Jesu? Wie können wir das, was da nicht umzubringen war und ist, benennen? Ich denke, daß verschiedene Zeiten notwendig verschiedene Formeln gefunden haben, um dieses Geheimnis, diese ansteckende Kraft in den Niederlagen, in der Verzweiflung zu entdecken. Eine christologische Formel, die mir hilft, hat Dietrich Bonhoeffer aufgestellt. Bonhoeffer nennt Christus einen »Menschen für andere«. Damit ist nicht eine falsche Ichlosigkeit, wie sie oft den Frauen abverlangt und aufgezwungen wird, gemeint. Dieser Mensch-für-andere konnte ja ungeheuer provozierend »Ich« sagen, sein »Ich aber sage euch...« gegen eine Tradition stellen, sein »Ich bin... das Wasser des Lebens, das Licht der Welt« aussprechen. Er meinte Gottes Wasser, er meinte Gottes Licht. Er ließ dieses Licht durch sich hindurchleuchten, er verbarg es nicht in den Tiefen seiner Seele, er gab es aus. Er war Mensch-für-andere, weil er Mensch Gottes war und sich von diesem Gott so getragen wußte, daß er nicht aus ihm herausfiel, auch nicht als er sich von ihm verlassen erfuhr.

Die alte Formel »wahrer Mensch« wird von Bonhoeffer mit »Mensch« wiedergegeben, das »wahrer Gott«-Sein nennt Bonhoeffer einfach »für andere« da sein. Denn Gott ist für andere der Gott der Liebe. So interpretiert der Satz »Christus ist der Mensch für andere« die alte christologische Formel »wahrer Mensch und wahrer Gott« in einer gegenwärtigen Sprache, die von Gott redet, ohne religiöse Formeln zu benutzen. Der Mensch für andere ist der Mensch nach Gottes Herzen.

In der dunklen Nacht des Kreuzes war das Leben, war Gottes Geist, dessen auch wir fähig sind, bei ihm. Gott war bei ihm – trotz seiner Erfolglosigkeit. Es gibt einen Punkt der christlichen Erkenntnis, da muß die Frage nach dem Erfolg hinter der nach Wahrheit zurücktreten. Da kann ich – mit dem alten Skeptiker – am Erfolg Christi zweifeln, aber nicht an seiner Wahrheit, die mich einlädt mitzumachen an seiner Seite. Da lieben wir diesen armen Jesus aus Nazareth nicht, weil er siegte oder er die Welt hinter sich gelassen hatte, sondern weil seine Art, da zu sein als der Mensch-für-andere, uns ins innerste Herz trifft. Ja, so ist es gemeint, auch mit uns. »Liebt ihn, der vor Liebe brennet« heißt es in einem Kirchenlied. Jede andere Begründung, zum Beispiel, daß er Gottes Sohn war, viele Wunder tat, auferstand und letztendlich siegen wird, ist zu schwach. Das Geheimnis Jesu läßt sich nicht aus Gott ableiten, sondern umgekehrt: Sein Rufen, sein Komm mit! , Folge mir nach!, Nimm Dein Bett und geh!, zieht uns in Gott hinein. Christus läßt uns Gott ins Herz sehen. Dem Menschen-für-andere seine Wahrheit glauben, ihm seinen Gott abnehmen, ist der Weg einer Christologie von unten.

Siebtes Kapitel
Kreuz und Auferstehung

Der christliche Gott ist kein kleiner chinesischer Glücksgott, wie Bertolt Brecht ihn lobte, in dessen Reich es möglich ist, mangel- und leidfrei zu bleiben. Alles dies hätte Jesus, Brote vermehrend und Kranke heilend, ja auch haben können. Jesus hat sich statt dessen mit den Leidenden identifiziert und ist an ihren Krankheiten erkrankt. Um der Leidenden willen ist er beleidigt worden, um den Tod zu überwinden, ist er in den Tod hineingegangen. Sich auf den Weg Jesu einzulassen bedeutet, ein anderes Verhältnis zum Leiden zu finden.

Der britische Psychiater Ronald Laing hat in den sechziger Jahren in einem kurzen Gedicht das Verhältnis der Menschen zum Leiden so beschrieben:

> Take this pill
> it takes away the pain
> it takes away the life
> you're better off without

Heute höre ich manche sagen:

> Nimm die sanfte Gottheit
> sie braucht kein Kreuz kein Blut
> sie schwebt dich lächelnd fort
> in das Land ohne Angst

Ich will hier drei religiöse Positionen dem Leiden gegenüber beschreiben. Die erste ist die sado-masochistische Theo-Ideologie vom Henkergott, die zweite der leidfreie Traum von der sanften Gottheit, die dritte ist der Glaube und die Hoffnung, die Menschen mit dem armen Mann aus Nazareth verbinden.

Es fällt nicht schwer, im Bild des überkommenen Herrengottes sadistische Züge festzustellen. Da wird eine Art Metaphysik der Todesstrafe zelebriert und der leidverhängende Gott gepriesen. Da muß es Gott selber sein, der den armen Jesus kreuzigt oder »dahingibt«. Da kann Gott nur vergeben, wenn Blut geflossen ist. In solcher Theologie drückt das Kreuz vor allem die Beziehung zwischen dem Vater und dem Sohn aus; daß es ein Machtinstrument des Imperiums Romanum war, wird zur Nebensache erklärt. Männliche Theologen haben sich zu Vergleichen zwischen der Opferung Isaaks, die dem Abraham abverlangt, aber dann doch geschenkt wurde, und der Opferung Jesu, die der obere Henker sich keineswegs schenkte, hinreißen lassen. Ihr Gott vollzog das Blutopfer, konsequent, aufs Äußerste gehend, in aller Selbsthärte.

Es gibt in der Tat einen »Gott, der auf Blut steht«. Darum braucht Martin Scorsese auch soviel Ketchup für seinen Film. Diese filmische »Letzte Versuchung« bezweifelt tiefsinnig und erneuert hochsinnig die miserabelste Theologie – und es ist kein Zufall, daß der Film extrem frauenfeindlich ist. »Es gibt nur eine Frau in der Welt, mit tausend Gesichtern...« Deswegen muß der Film-Jesus nicht trauern, als das erste Objekt durch Tod ausfällt. Ich könnte das für eine pathologische Misogynie halten, aber sie hat Wurzeln in der männlichen Gottesprojektion und ihrem falschen Verständnis vom Kreuz. Der griechische Romancier Katzanzakis versichert uns, daß wir »in einem ewigen Kampf zwischen Geist und Fleisch« stehen. Von dieser – unbiblischen – Basis aus wird klar, wer die *Geist*rolle und wer die *Fleisch*rolle übernehmen muß. Der Sexismus sucht sich seine Rechtfertigung in einer barbarischen Theologie von oben.

Aber ist dieses erbärmliche Fazit der Herrentheologie noch wirksam? In einer aufgeklärten nördlichen Metropole lebend, kann ich *diese* Gefahr nicht mehr für so bedrohlich halten. Leiden wird in unserer Kultur nicht mehr auf den leidverhängenden Allmächtigen projiziert, sondern als Ausdruck des Mangels verstanden – sei es an Antidepressiva, sei es an Kondomen. Die wirkliche Auseinandersetzung mit dem Leiden unterbleibt. Der »softe Gott« ist längst erschienen, positives Denken ist angesagt, die alte Leidensverklärung kann sich nicht mehr halten.

Unsere Kultur lädt uns dazu ein, das Kreuz nicht zu sehen. Wir sollen in Apartheid leben, uns an schönen Stränden, Moden und Rezepten erfreuen – das lese ich aus den für Frauen gemachten Illustrierten heraus. Das Kreuz wird dann zu einem rein religiösen Symbol im kirchlichen Bereich verniedlicht: In Gold ruht es friedlich auf der Brust eines Bischofs, und auch wenn es eines Tages friedlich zwischen den Brüsten einer Bischöfin ruhen würde, so ist damit noch nicht viel gewonnen.

Das Kreuz ist aber nicht »etwas Religiöses«, es ist furchtbar blutige Realität. Es steht bei dem kleinen Mädchen, das von seinem Vater sexuell mißbraucht wird und jahrelang im Schweigen der Verleugnung lebt. Das Kreuz bedeutet die erbarmungslose Gewalt, die Menschen über Menschen ausüben, Starke über Schwache, Reiche über Arme, Gewandte über Ungeschickte, Männer über Frauen, Frauen über Kinder, Pflegerinnen über Kranke, Mächtige über Machtlose. Es ist die Gewalt, mit der das Militär uns unsere Erholungsgebiete wegnimmt und unsere Söhne zum Töten abrichtet. Sie umgibt uns, sie durchdringt unser Leben, und wenn wir sie verleugnen, dann fangen wir an, uns selber nicht mehr richtig wahrzunehmen. Wir verleugnen etwas in uns selbst, und dieses Verleugnete, Vergessene, Verdrängte wächst und erstickt uns.

Natürlich können wir auch in diesem erstickten Zustand weiterleben, aber wir hätten dann etwas zerstört, was unsere Tradition den »Baum des Lebens« genannt hat. Und wer möchte wirklich ohne den Baum des Lebens atmen?

Ein altes Kirchenlied singt:

Baum der Schönheit, schönster Baum,
Deine Schande ist vergangen,
Deine purpurfarbenen Zweige
Rufen jetzt das Leben aus.

Wie ist das zugegangen? Wie kann aus dem Leiden, aus der Willkür, aus der erlittenen Gewalt der Baum des Lebens wachsen? Wie wird aus dem Folterinstrument der römischen Militärverwaltung ein Lebensbaum?

Das Kreuz drückt die bittere, realistische Tiefe des Glaubens aus, es ist ein Symbol der Diesseitigkeit, der Geschichte. Nicht die Theologen haben das Kreuz erfunden, sondern das römische Imperium dachte sich diese Methode aus, um Menschen, die den Ruf der Befreiung hörten, abzuschrecken, indem man die Rufer langsam und öffentlich zu Tode folterte. Wer jemals Folterberichte, zum Beispiel aus Guatemala, gelesen hat, wer einen Film wie ›Zwei Welten‹ über Südafrika gesehen hat, weiß, daß es sich nicht um Exotisches handelt, sondern um die Normalität der imperialen Unterdrückung, die jetzt als »low intensity conflict«, Krieg geringer Intensität, eine langsame Foltermethode für ganze Regionen darstellt.

Nicht Gott richtet das Kreuz auf, sondern die Herren

dieser Welt: Sie heißen Pharao oder Somoza, Pilatus oder Botha. Einen sanften Gott suchen gehen, kommt mir vor wie ein Auswanderungsversuch in eine ferne Südseeinsel – als ob es dort keine Atombombenversuche und keine Abrichtung der Frauen für den Prostitutionstourismus gebe. Der sanfte Gott ist schon lange hier; noch sanfter als unseren Bruder aus Nazareth kann ich ihn mir nicht vorstellen. Aber das eigentliche Problem, das wir mit Jesus und dem Kreuz haben, ist unser Wunsch zu *entkommen*, uns beim Vater zu verstecken.

Nicht Gott will uns leiden machen. Aber die Liebe hat ihren Preis. Gott will uns lebendig machen, und je weiter wir unser Herz öffnen für andere, je hörbarer wir eintreten gegen das Unrecht, das über uns herrscht, desto schwieriger wird unser Leben in der reichen Unrechtsgesellschaft. Schon eine kleine Liebe zu ein paar Bäumen, zu den Robben oder zu den Schulkindern, die von Tieffliegern gequält nachts aufschreien, ist kostspielig. Viele können sich selbst eine kleine Liebe zum Geschöpf nicht leisten und ziehen es vor, nichts gesehen zu haben.

Und doch gibt es diese Gegenerfahrung vieler Christinnen und Christen noch heute, leisten sich die Menschen die Güte und erlauben sich selbst das Stück Gerechtigkeit und Fürsorge für andere, ohne das wir nicht Mensch werden können.

Es gibt unter uns Menschen, die leisten sich die Wahrheit. Sie treten für die Opfer der Gewalt ein; sie stiften Unruhe, während die Gewalt doch alles schön unter Kontrolle zu halten versucht. Es gehört eine große innere Freiheit dazu, das Leben zu wählen auch dann, wenn uns diese Wahl in Schwierigkeiten und Unannehmlichkeiten, ja Leiden stürzt.

Ich möchte etwas zum Lob dieser Freiheit sagen, weil ich glaube, daß wir das Kreuz mißverstehen, wenn wir es zu einem nekrophilen, todessüchtigen Symbol machen: Wir sind nicht nur nicht krank am Kreuz, sondern wir sind frei, das Kreuz zu vermeiden in der Apartheid der Mittelklasse oder es auf uns zu nehmen mit all den Schwierigkeiten, in die wir kommen, wenn wir uns ernsthaft engagieren.

Auch Jesus war frei, bis zum Kreuz zu gehen: Er hätte friedlich in Galiläa bleiben können; seine Freunde haben ihm nahegelegt, das Kreuz zu vermeiden. Frauen, die ich in Nicaragua kenne, hätten nach Miami gehen oder sich von der CIA anwerben lassen können. Niemand zwingt sie, bei der Revolution zu bleiben. Mitglieder ihrer Familien, meistens die Männer, sind in der Tat den Weg zu den Golfplätzen Miamis gegangen. Aber die Frauen bleiben und versuchen, den Willen Gottes zu tun, und dieser ursprüngliche Akt der Freiheit hat seinen Preis. Für sie ist das Kreuz ein Symbol der Liebe zum Leben in Gerechtigkeit, es drückt die Liebe zum gefährdeten, bedrohten Leben Gottes in unserer Welt aus.

Je mehr du in die Liebe hineinwächst, in die Botschaft Jesu, um es so ungeschützt traditionell zu sagen, desto verletzlicher machst du dich. Du wirst einfach angreifbarer, wenn du sichtbar geworden bist oder wenn »das von Gott« in dir aufleuchtet. Wenn du dein Leben verteilst, statt zu horten, dann wird das große Licht in dir sichtbar. Zwar gehst du in Einsamkeit hinein, verlierst oft Freunde, einen Lebensstandard, einen Beruf oder eine sichere Karriere, aber zugleich veränderst du dich. Und das Kreuz, dieses Zeichen der Isolierung, der Schande, des Verlassenseins, wird in diesem Prozeß der Baum des Lebens, ohne den du gar nicht mehr sein magst. Das tote Marterholz fängt an zu grünen. Und du weißt auf einmal, wo du hingehörst.

Das Leben zu wählen heißt, das Kreuz zu umarmen. Es

heißt, das Kreuz, die Schwierigkeiten, die Erfolglosigkeit, die Angst, allein dazustehen, in Kauf zu nehmen. Die Tradition hat uns nie einen Rosengarten versprochen. Das Kreuz zu umarmen bedeutet heute, in den Widerstand hineinzuwachsen. Und das Kreuz wird grünen und blühen. Wir überlieben das Kreuz. Wir wachsen im Leiden. Wir *sind* der Baum des Lebens.

Dieses Verständnis vom Kreuz führt uns auch in ein tiefes Begreifen der für viele oft fremden Rede von der Auferstehung. Mit kaum einer Glaubensaussage haben Menschen heute größere Probleme als mit der Auferstehung. Als mich einmal ein junger Journalist anrief und erfahren wollte, ob Jesus wirklich von den Toten auferstanden sei, war ich verblüfft über diese sehr alte Frage. Er erläuterte sie mir: Die Theologen reden meistens drumherum, damit könne er aber seinem Briefträger nicht kommen. Ist Christus nun an Ostern auferstanden, oder ist das Ganze nur ein Märchen? Was würde sich denn für Sie ändern, fragte ich zurück, wenn die Antwort Ja oder Nein lautet? Großes Erstaunen seinerseits: Ja, damit wäre doch die Grundlage des Glaubens in Frage gestellt. Ich blieb bei meiner Frage: Angenommen, Jesus ist nicht aus dem Grab hervorgekommen. Zumindest gibt es keine stichhaltigen Beweise dafür. Die Zeuginnen und Zeugen, die ihn gesehen haben, waren bekanntlich alle Gläubige, Parteigänger, Sympathisanten, also keineswegs objektive Beobachter. Was ändert das für die, die an ihn glauben? Die mit ihm gehen, die sich von seiner Wahrheit getragen fühlen? Ich denke, gar nichts ändert sich, kam als Antwort.

Angenommen, er war nur scheintot und wurde wiederbelebt, würde das mein Verhältnis zu diesem Jesus ändern? Und weiter angenommen, alles stimmte wortwörtlich, wie es in der Bibel steht, gäbe es dann mehr Christen? Würden die Christen damit glaubwürdiger, sähen sie ein bißchen erlöster aus? Ich denke, nein. Ich empfand die Frage, die nach einer über zweihundert Jahre andauernden wissenschaftlichen Diskussion gestellt wurde, einigermaßen daneben. Ein Ergebnis dieser Diskussion ist die Nichtbeweisbarkeit der Auferstehung. Vorausgesetzt, damals hätte es die Fotografie gegeben, der Film wäre leer geblieben. Aber Wahrheit ist nicht nur, was beweisbar ist. Ich nannte dem Journalisten zwei Gründe, warum ich auf diesem Niveau keine Lust hätte, über die Auferstehung zu reden.

Der erste Grund ist das Kreuz, das man nicht von der Auferstehung trennen darf, wenn man an dem Sinn der Sache festhalten will. Der Glaube an die Auferstehung verwurzelt uns in der alten und in der eigenen Geschichte. Das Osterfest feiert nicht den Auszug in die nun endlich erreichte Posthistorie, irgend etwas nach den historischen Leiden, es feiert die Geschichte selber, dieses Herauskommen aus der Unfreiheit. Ohne die Ur-Geschichte aus der Hebräischen Bibel, vom Auszug der Kinder Israels aus dem Sklavenhaus in Ägypten, kann man auch den Auszug Jesu aus dem Totenhaus nicht verstehen.

Der andere Grund ist mein eigenes Leben, das ich nicht vom Tod und Leben Jesu trennen will, auch nicht von der Niederlage und dem Sieg des Lebens Gottes. Ostern ist entweder existentiell, oder es sagt überhaupt nichts und wird mit Recht vermarktet.

Ob Scheintod, Wiederbelebung, Durchbrechung der Naturgesetze eine sichere Grundlage sind für das, was vor zweitausend Jahren in Palästina geschehen ist, weiß ich nicht. Ich bin aber ganz sicher, daß diese Art von Diskussion von etwas anderem geschickt ablenkt, nämlich von dem Justizmord, der an dem armen Schlucker aus Nazareth begangen worden ist. Was wir objektiv wissen, ist, daß er – wie viele vor ihm und nach ihm – langsam und überaus grausam zu Tode gefoltert worden ist. Das hätte er, wie gesagt, vermeiden können, durch Flucht, Rückzug ins Private, transzendentale Meditation oder andere Eskapaden, die aus der Wirklichkeit herausführen. Statt dessen blieb er bei seiner Sache, der Liebe zu den rechtlos und besitzlos Gemachten, den »Letzten«, wie er sie gern nannte, treu. Für diese Letzten, für die, die als der letzte Dreck angesehen wurden, entwickelte er mit Freundinnen und Freunden eine neue Art zu leben. Er wollte es nicht besser haben als die Ärmsten. Darum lebte er ohne Gewalt und ohne Schutz vor der Gewalt.

Das war damals wie heute nicht erlaubt. Die Konsequenz des Imperiums auf diesen Versuch eines anderen Lebens hin war brutal, ganz wie heute. Auch Erzbischof Oscar Romero, ein Freund Jesu, wurde »gekreuzigt«, von den Helfershelfern der Staatsgewalt ermordet, als er die Messe las. Die ungefähr dreißigtausend Menschen, die jährlich seinen Todestag feierlich begehen, rufen immer wieder: »Oscar Romero lebt! Er ist bei uns. Er ist auferstanden in sein Volk. Er steht uns bei.« Ist das ein Märchen, an das sich die Leute nur klammern, weil sie arm und unwissend sind? Oder ist das die Wahrheit ihres Lebens, für die sie zu leben, zu kämpfen und auch zu sterben bereit sind? In den Gebeten und Liedern, den Umzügen und Protesten aus dem fernen Land, dessen Kaffee wir billig trinken, wird Auferstehung sichtbar.

Über die Auferstehung kann man nicht freischwebend reden, als hätte sie mit dem Kreuz nichts zu tun. Als wäre Jesus in jedem Fall, auch nach seinem Tod aus Altersschwäche, in den Genuß dieser Wunderdroge gekommen! Wenn wir uns vor Augen führen, was dieser rätselhafte Satz »auferstanden von den Toten« sagt, dann gehört die Realität »Kreuz« dazu: Wer in der Liebe lebt, der wird mit Verachtung, Beschimpfung, Diskriminierung, ja mit dem

Tod zu rechnen haben. Die Auferstehung ist längst schon vor dem Tod sichtbar, in dieser anderen Art zu leben. Jesus glaubte vor allem an ein Leben *vor* dem Tod, und für alle. Die Auferstehung, dieser Funke des Lebens, war schon in ihm. Und nur deswegen, wegen dieses Gott-in-ihm, konnten sie ihn nicht umbringen. Es funktionierte einfach nicht. Und auch heute gelingt es den Mächtigen nicht, diese Liebe zur Gerechtigkeit, dieses nachhaltige Interesse an den Letzten auszulöschen.

Wenn wir uns fragen, ob Jesus als klinisch Toter wiederbelebt worden ist, so ist das eine Spekulation für unsere wissenschaftliche Neugier. Um uns selber geht es dabei gar nicht. Das falsche Denken – Märchen oder Fakten – besetzt uns ganz von außen und hält uns von uns selber ab. Richtiger gestellt muß die Frage lauten: Ist Jesus tot oder lebt er noch? Bewirkt er noch etwas? Ändert er das Leben von Menschen? Gibt es das »Jesus lebt, mit ihm auch ich« noch?

Ostern feiern können eigentlich nur die, die selber auferstanden sind. Goethe hat das im Osterspaziergang des Faust gesagt: »Sie feiern die Auferstehung des Herrn. Denn sie sind selber auferstanden.« Und dann zählt Faust auf, woraus, aus welcher Unterdrückung und Lebensverstümmelung die Leute kommen: »Aus niedriger Häuser dumpfen Gemächern / Aus Handwerks- und Gewerbesbanden / Aus dem Druck von Giebeln und Dächern / Aus den Straßen quetschender Enge / Aus den Kirchen ehrwürdiger Nacht / sind sie alle ans Licht gebracht.«

Gibt es solche Erfahrungen von Befreiung auch heute noch, über-individuell? Das wäre eine ernsthafte Frage nach dem Fest der Auferstehung. Mir fallen dazu Erfahrungen wie die aus El Salvador und aus anderen Ländern der unterdrückten Welt ein. Und für uns hierzulande? Ich werde wieder zum Ostermarsch gehen, der immerhin wenigstens das Kreuz, vom Tiefflugterror bis zu den grandiosen Geschäften mit exportierten Waffen, benennt. Die Zahl derer, die ein Stück Auferstehung aus dem gegenwärtigen Tod so erleben, wird verschwindend klein sein. Aber sehr viele waren es auch damals, am ersten Ostermorgen, nicht.

Achtes Kapitel
Gott lieben

Die Religion ist in den letzten Jahrhunderten innerhalb der abendländischen Welt gründlich und relevant kritisiert worden. Die drei großen »Meister des Verdachts«, wie Paul Ricoeur sie nennt, Marx, Freud und Nietzsche, haben sie als Opium des Volkes, als kollektive Neurose und als Platonismus fürs Volk entlarvt. Die Theologie – und ich gehe hier von ihrer aufgeklärteren, der protestantischen Form aus – hat diese Kritik mehr und mehr integriert. Sie ist »durch den Feuer-bach geschritten« und hat ihrerseits eine Hermeneutik des Verdachts entwickelt, die Selbstkritik und Institutionskritik gelernt hat, sich also mit Bibel und Kirche immer erneut kritisch auseinandersetzt. Der lebendige christliche Glaube hat in diesem Prozeß seine Naivität und seinen missionarischen Imperialismus verloren, und er hat gelernt, die prophetische Kritik an Kult und Opfergaben, am »Geplärr deiner Lieder«, wie der Prophet Amos sich ausdrückt (Amos 5,23), anzuwenden auf das Christentum und die immer zu reformierende Kirche. *Ecclesia semper reformanda!*

Dieses kritische Bewußtsein von Christinnen und Christen stößt heute in einem Paradigmenwandel, der von der liberalen zur Befreiungstheologie geht, zunehmend auf die realen Kräfte und Gewalten der Zerstörung, die längst nicht mehr Religion und Kirche sind. Geld und Gewalt brauchen die religiöse Legitimierung heute immer weniger, sie funktionieren bestens im Namen des Fortschritts und der technischen Rationalität. In dieser Situation muß man sich fragen, ob sich nicht die traditionelle Kritik an der Religion in mancher Hinsicht totgelaufen hat, weil sie die eigentliche Religion, das, woran die überwältigende Mehrheit in den industrialisierten Ländern glaubt, außer acht läßt und keineswegs kritisch hinterfragt.

Diese eigentliche Religion ist die Wissenschaft. Sie hat ihre größeren Tempel, wie jeder, der einmal Harvard University mit ihren weißen Säulen und imponierenden Hallen, ihren Haupt- und Nebenaltären, ihren Heiligtümern und Schatzhäusern betreten hat, wissen kann. Sie hat ihre eigenen Priester, Oberpriester und Päpste, sie vollzieht bestimmte Rituale, Ehrungen und Demütigungen, die nach vorgefertigten Mustern ablaufen, sie spricht sündig und heilig. Nur eins hat sie noch relativ wenig gelernt: die Kritik der eigenen Religion. Die Frage, wem bestimmte Forschungsvorhaben nützen, wird im allgemeinen als unwissenschaftlich abgelehnt; die Untersuchung der Prioritäten und der Anwendbarkeit der Forschung in der Praxis, vor allem des Militarismus, gilt als beiläufig.

Wenn Wissenschaft die Hauptreligion der industrialisierten Welt ist, so muß ich mich als ungläubig bekennen. Sie hat die Kriege nicht verhindert, sondern die Tötungskapazität verbessert. Sie hat die Verhungernden nicht gespeist, sondern sich dem Weltraum zugewandt. Sie hat eine Megamaschine erzeugt, die alle Natur, alles Geschaffene vergewaltigt. Sie glaubt an ihre eigene zweite Schöpfung, die besser sein soll als die erste. Die Visionen der Wissenschaft sind längst zum Horror geworden; ich erinnere nur an die gängige Verwissenschaftlichung der Folter als Untersuchungsmethode. Reicht es in dieser Weltzeit, wissenschaftlich zu denken? Sind nicht ein anderer Zugang zur Welt, andere Wertsetzungen, die die Wissenschaftler in Dienst nehmen, notwendig? Ja wird nicht die Theologie, die nach einem Wort Walter Benjamins heute klein und häßlich ist, mehr denn je gebraucht, um überhaupt eine andere Vision vom guten Leben im herrschaftsfreien Miteinander zu gewinnen?

Religion und Ganzheit stehen in einem unmittelbaren Zusammenhang, der mir immer peinlich deutlich wird, wenn mir jemand die Religion als mein »ganz persönliches Hobby« unterschieben will oder auf meine »besonderen religiösen Interessen« eingehen zu müssen glaubt. Ich empfinde dann diese Ganzheit trivialisiert und eingekastelt, als sei Religion neben Wirtschaft, Sexualität, Umwelt, Politik eine Art Extrafach und nicht ein allgemein menschliches Verhalten.

Wäre dem so und die Religion ein Extrafach, das viele schon früh »abwählen«, dann trüge sie eher zur Vertiefung der Spaltung als zur Ganzheit bei. Aber es scheint mir genau umgekehrt: Die religiöse Sprache ist nicht ein Spezialissimum wie die dritte minoische Kultur, sondern der beste Ausdruck für meinen Wunsch, ganz zu sein, mit dem ganzen Herzen zu leben und mich gerade in Wirtschaft, Sexualität, Arbeit und Kultur nicht als Spezialist zu behaupten, sondern mich als lebendig fühlenden Menschen, der zuerst nach dem Reich Gottes und seiner Gerechtigkeit trachtet, einzubringen. Die Religion zieht mich nicht aus dem Ganzen heraus, sondern läßt mich gerade nach ihm Ausschau halten und sein Fehlen vermissen.

In diesem Rahmen will ich versuchen zu sagen, woran ich glaube.

In der Befreiungstheologie sprechen wir oft von »Gottes Vorliebe für die Armen«, der *opción preferencial por los pobres.* Es gibt vielleicht in allen Religionen solche »Optionen«, gewählte Entscheidungen verpflichtenden Charakters, und ich verstehe den christlichen Glauben, zu dem ich mich bekenne, als eine *»opción preferencial por la vida«*, eine Vorliebe für das Leben dem Tod gegenüber.

Sein ist besser als Nicht-sein, Küssen ist besser als Nichtküssen, Essen ist dem Hungern nicht nur vorzuziehen, sondern ontologisch überlegen. Diesen ontologischen Überschuß des Seins vor dem Nichts versucht auch die christliche Religion zu artikulieren.

Als ich einem zur Depressivität neigenden Freund diese Art von Lebensglauben zu erklären versuchte, winkte er müde ab. »Du willst mich nur wieder mit Mandelblüten und Mondaufgängen zur Schöpfung verlokken.« In der Tat, das war und ist meine Absicht. Der ontologische Vorrang des Seins vor dem Nichts drückt sich religiös als Glauben an den Schöpfergott und an die gute, gesegnete Schöpfung aus. Gott sah am sechsten Tag, daß »alles sehr gut« war. Gottes Option geht auf Leben aus; mit diesen Augen Gottes will ich auch sehen, ohne zu verleugnen, was dieser Vision – noch, wie ich dann gläubig hinzufüge – tödlich widerspricht. Nicht ein Zufall hat uns auf diesen kleinen blauen Planeten verbracht, das Leben selber ruft uns zu, am Leben teilzuhaben in einer Dankbarkeit, die auch im Finstern nicht aufhört, das Leben als Gnade, als Geschenk zu empfinden. Das Leben zu loben ist eine Art Daseinsfrömmigkeit, die ich brauche und die ich zu vermitteln versuche.

Ich glaube an Gott, an die schöpferische Kraft, die »dem Nichtseienden ruft, daß es sei« (Römer 4,17), die gut ist und uns gut, das bedeutet ganz und blühend in unserer Fähigkeit, Gott zu spiegeln, will. Glauben kommt vom deutschen Wort »geloben« und hat nicht in erster Linie die rationale Bedeutung von »annehmen, für-wahrhalten«, sondern eine existentielle Dimension von »Sich-einlassen-auf, Sich-jemandem-versprechen«. Ich glaube Gott seine gute Schöpfung, wie sie gemeint war, in Gleichheit von Mann und Frau, in Verantwortung und Hegen und Bewahren des Gartens, in unserer Fähigkeit zu arbeiten und zu lieben und somit Ebenbild Gottes zu sein.

Der Ursprung ist zugleich das Ziel; da wir aus Gott kommen, gehen wir auch in Gott hinein; jeden Tag tun wir Schritte auf diese Wirklichkeit Gottes hin. Wir holen die Parteinahme für das Leben aus der Trivialität des Alltags und der Trivialisierung unserer Lebensziele und Wünsche zurück. Dieses Zurückholen nennt meine Tradition »teschuva« oder Umkehr, und eine der tiefsten Erfahrungen und Hoffnungen des Glaubens ist die – weltlich durch nichts garantierte – Annahme, daß wir der Umkehr fähig sind. Ich soll mir das selber glauben; der Unglaube an die Möglichkeit der eigenen Umkehr ist vielleicht das Schlimmste, das die Depression meinem Freund antut. Ich bin aufgefordert und eingeladen, diese Umkehr meinem Nächsten zuzutrauen, auch wenn er oder sie den Kurs auf den Eisberg stur weiterverfolgt, und ich soll sogar den Feinden des Lebens die *teschuva* zutrauen, ein in der Tat absurdes Unternehmen angesichts der Obsession, mit der die Herren dieser Welt das Projekt des Todes verfolgen. Und doch glaube ich der Tradition die Umkehr als unsere wahre Möglichkeit.

Wie soll ich aber Gott lieben, die Schöpfung loben und bewahren und am Reich Gottes mitarbeiten, ohne zu verzweifeln? Die Hilfe, die meine Tradition mir anbietet, heißt Christus. An ihn zu glauben finde ich vergleichsweise leicht, man braucht nicht Christ im fundamentalistischen Sinn des Wortes zu sein, um sich auf seinen Weg ziehen zu lassen, und man muß die dogmatischen Entstellungen seiner Wahrheit nicht zur Hauptsache machen. Ging es ihm selber doch nie um eine Exklusivität seiner Person, sondern um das, was vor ihm aufschien: Gottes Reich. Wir alle sind Söhne und Töchter Gottes, er ist nur der »Erstgeborene unter vielen Geschwistern« (Römer 8,29), der den nichtjüdischen Menschen der antiken Welt den Gott Israels erschloß. Seine Verbundenheit mit dem Grund allen Lebens war stark genug und ist in allem, was wir von ihm wissen, gegenwärtig, seine Orientierung auf das Ziel ist unzweideutig. In seinem kurzen öffentlichen Leben wurde er immer mehr die Liebe, von der er sprach. An Christus glauben heißt nicht, ihn als einen Heros bewundern, sondern ihm nachfolgen. »Ein jeglicher sei gesinnt wie Jesus Christus auch war...« (Philipper 2,5).

Aber ist er nicht vollständig gescheitert? Wurde er nicht samt seinem Gottestraum verraten und verleugnet, verurteilt und zu Tode gefoltert? Und ist nicht sein Projekt, das Reich, in dem, was daraus folgte, der Kirche, erst recht verraten und verleugnet, entstellt und tausendfach verbrannt? Als hätten die alten Christen geahnt, was aus der Kirche würde und in welcher Verzweiflung dieser Apparat die Nachfolgerinnen des armen Mannes von Nazareth stürzen müßte, haben sie dem Grund des Lebens und dem Anführer und Vollender des Lebens noch eine andere rätselhafte Gestalt des Glaubens hinzugefügt, den Geist Gottes, oder wie wir heute besser, dem hebräischen Wortsinn folgend sagen, die Geistin, die *ruach*, die lebendig macht.

Ohne den Glauben an die *ruach* kann ich mir mein Leben nicht vorstellen. Die Vernunft, wenn sie sich denn nicht bloß zuschauend und neutralisierend verhält, strandet an der Verzweiflung. Wenn sie ehrlich ist, kann sie angesichts des Projekts des Todes, das nach wie vor die wichtigste Produktivkraft, die Wissenschaft, beherrscht, nur stranden. Woher sollen die Minderheiten des Gewissens, die sich dem Sog des Todes widersetzen, die für Bäume und Schmetterlinge und das Wasser ihrer Enkel eintreten, die sich verhaften und verurteilen lassen in gewaltfreiem Widerstand, eine reale Hoffnung nehmen? Ich denke, es ist nicht zuviel gesagt, wenn wir die Geistin Gottes im Widerstand gegen alles, was uns mit dem Töten versöhnen will, sehen. Nach der Tradition gibt der heilige Geist zweierlei: Wahrheit und Mut. Wahrheit bedeutet, daß Gottes Geist die Menschen als der Wahrheit fähig bestimmt. Es ist nicht so, als könnten wir nicht wissen, als seien die Experten ewige Herren und Richter über ein in der glaubenslosen Perspektive als dumm und ahnungslos angesehenes Volk. Als Naturwissenschaftler und Ärzte sich Anfang der achtziger Jahre »für den Frieden« konstituierten, mußte ich ein wenig lächeln. Meine Erfahrung war nämlich, daß die Hausfrauen in den Kirchengemeinden es viel eher begriffen hatten, daß man mit Bomben und Giftgas hungernde Kinder nicht am Leben erhalten kann. Die heilige Geistin hatte sie wahrheitsfähig gemacht, und das will in einer Welt systematischer, staatlich verordneter Desinformation, wie ein neues Wort für Lüge heißt, viel sagen. Indem Gottes Geist den Menschen Wahrheit gab und sie selber von der tiefen Angst, wahrheitsunfähig zu sein, befreite, führte diese Geistin sie auch weiter zum Mut.

Ich empfinde die Gegenwart oft wie eine von der milden Depressivität intelligenter Männer umhüllte Decke, in der Menschen handlungsunfähig, weil glaubenslos bleiben. Die angeblichen Sachzwänge der industrialisierten Welt und die ihnen entsprechenden Ohnmachtserfahrungen der Leute, die wissen, »man kann nichts machen«, entsprechen einander. Das Wissen ist immer mehr zum Todeswissen degeneriert. Aufklärung allein genügt nicht. Sie kann die herrschende Geistlosigkeit nicht überwinden. An Gottes Geist zu glauben bedeutet vor allem, ihn zu rufen. »Komm, heiliger Geist...« auch in unsere Leere und in unserer Abhängigkeit von den Drogen, mit denen wir uns umgeben haben. Ein anderes Leben ist möglich, das steinerne Herz kann zu einem fleischernen werden. Daran zu glauben ist unverzichtbar für mein Leben. Ich verlobe mich mit der Geistin, gerade dann, wenn ich in der eigenen Gegenwart im Bereich meiner Klasse, meines Volkes, meiner weltgeschichtlichen Rolle wenig von ihrem Feuer spüre.

Ich will hier ein Ur-Zeugnis für diese transsubjektive Erfahrung heranziehen, in der sich das Bedürfnis nach Grund, nach von Geist erfüllter Ganzheit ausgesprochen hat, das *Sch'ma Israel,* das Bekenntnis zu dem einen und einzigen Gott, das jeder fromme Jude täglich betet:

> Höre Jissrael:
> ER unser Gott, ER Einer!
> So liebe denn
> IHN deinen Gott
> mit all deinem Herzen, mit all deiner Seele,
> mit all deiner Macht.
> So seien diese Reden, die ich heuttags dir gebiete,
> auf deinem Herzen,
> einschärfe sie deinen Söhnen,
> rede davon,
> wann du sitzest in deinem Haus und wann du gehst auf den Weg,
> wann du dich legst und wann du dich erhebst,
> knote sie zu einem Zeichen an deine Hand,
> sie seien zu Gebind zwischen deinen Augen,
> schreibe sie an die Pfosten deines Hauses und in deine Tore!
>
> 5. Mose 6,4–9 (Übersetzung Buber-Rosenzweig)

Was bedeutet es, Gott »von ganzem Herzen, von ganzer Seel, von ganzem Gemüte und mit allen deinen Kräften« zu lieben? Es ist die Grundlage dessen, was viele heute gern Ganzheitlichkeit, Ungeschiedenheit, Einssein, Verbundenheit mit dem Ganzen nennen. Wenn man – mit Stanislaus Leč – ein tiefes Bedürfnis hat, zu den großen Substantiven wie Freiheit, Gleichheit, Geschwisterlichkeit endlich die Verben zu finden, die Tätigkeitswörter, die den idealischen Denkbildern erst Hand und Fuß geben, dann möchte ich sagen, das Verb zum Traumbild »Ganzheit« heißt: Gott lieben über alle Dinge. In der Liebe zu Gott bewegen wir uns aus der Spaltung, der Entfremdung, der Weltkälte, der spirituellen Apartheid fort auf das Ganzsein zu, das in der religiösen Sprache »Heil« genannt wird.

Die verblaßte protestantische Tradition ist allerdings nicht sehr hilfreich, weil sie die Liebe *zu* Gott kaum zu artikulieren wagt und nur von der Liebe spricht, die wir *von* Gott empfangen; daß »empfangen« im tiefen Sinn dieses Wortes nur kann, wer sich geben kann, bleibt der strammen Orthodoxie verborgen. Es ist aber in der ungeteilten Liebe zu Gott, daß die ganzheitliche Beziehung zum Leben wächst. Liebe zu Gott ist der Wunsch, sich selber vollständig dem Sinn des Lebens zu geben, und diese große Hingabe an Gottes Leben in der Welt ohne Abstriche, ohne Verleugnung oder Zurückweisung von einigen Kräften, die auch in uns sind, zu vollziehen. Ganzheit ist ein anderes Wort für Frömmigkeit. Fromm sein heißt: sich Gott geben, an der Bewegung der Liebe in der Welt teilnehmen und selber Liebe werden.

Diese Ganzheit unserer Hingabe ist unmöglich, solange wir mit unseren unbewußten Gefühlen zu kämpfen haben und uns nicht erlauben, sie zu kennen und zu verwandeln. Ganzsein hieße mit unseren Gefühlen dabeisein und mit unserer Erkenntnis dieser Welt. Aber wie ist das möglich? Wir leben in einem System von Unterernährung und Overkill, um es abkürzend zu sagen. Davon profitieren wir. Das große Tier aus dem Abgrund herrscht über uns.

Wie sollen wir da »ganz« sein, ohne Sprung, heil, nicht kaputt? Das könnte doch nur auf dem Niveau des barbarischen Jahrhunderts sein, mit den Wölfen heulend, ganz unangefochten von den toten Robben, die auch auf unsere Insel zutreiben!

»Ganz« in diesem Sinne wirken auf mich die militärischen Führer, die ungebrochene Selbstsicherheit, ruhige Überlegenheit, nie bezweifelte Arroganz der Macht ausstrahlen. Haben sie es nicht besonders weit gebracht mit der sogenannten Selbstverwirklichung?

Die wirkliche Liebe zu Gott muß sich der Wirklichkeit stellen, in der wir leben. Es ist ihr nicht möglich, freudig und selbstgewiß von der Realität, zum Beispiel des Hungers, abzusehen. Die natürliche Reaktion auf das selbstgemachte Chaos ist Angst und der Wunsch zu verdrängen. Die Realität der sterbenden Wälder, der verendenden Robben und der gleichzeitig noch immer zelebrierten Flugtage macht es uns schwer, ganzheitlich zu leben. Sie nötigt uns Verdrängung auf. Ich will gar nicht mehr wissen, wieviel Bequerel in meinen Blaubeeren sind und welche Krankheit wir heilen könnten, statt Jäger 90 zu kaufen. Wieviel Kraft muß ich ins Verleugnen und Verdrängen stecken!

In diesem Sinne bin ich nicht besser als meine Väter und Mütter in Nazideutschland, die ja auch »nichts gewußt« haben. Ich bin entsetzt, ich will vergessen, ich muß verdrängen, ich habe meine Angstgefühle zu verdrängen und sie so schnell wie möglich beiseite zu schaffen. Diesen Zustand nenne ich Angst vor der Angst. Sie lähmt mich und macht mich zu einem machtlosen Wesen – einer Person, die sich selber nicht in den mächtigen Strom der Liebe geben kann und nicht in den Kampf. Die Angst vor der Angst macht mich fertig – zwischen mir und der Liebe ist die Angst und die Angst vor der Angst. In 1. Johannes 4,10 lese ich: »Furcht ist nicht in der Liebe, aber die vollkommene Liebe treibt die Furcht aus.« Aber für mich stimmt das nicht: Meine Liebe ist zu schwach, die Furcht auszutreiben, und statt dessen beherrscht mich die Angst als das stärkste Hemmnis, Gott »von ganzer Seele« zu lieben.

Ich will es ja gar nicht wissen, was mit meinem Wasser, was meinen Enkeln geschieht. Wo käme ich denn hin, wenn ich das alles wissen müßte! Und so wächst in der Mittelklasse der reichen Welt gerade aus dem Wunsch, ganz zu sein in einer heilen Welt, genau die Zwiespältigkeit, die kulturelle Beschwichtigung im Interesse der spirituellen Apartheid, die Verlogenheit, die wir auf fast jeder Party antreffen.

Aber der Wunsch, wenigstens etwas ganz, mit all unseren Kräften zu tun, und darin verborgen der Wunsch, ganz zu sein, läßt sich nicht ausrotten oder wegmanipulieren. Es gibt Zeichen einer neuen Suche nach einer anderen, integrierten Form des Lebens, die nicht ständig auf Kosten anderer Lebewesen oder Elemente geht.

Der Wunsch, mit dem ganzen Herzen zu leben, Gott auch von neun bis fünf zu lieben mit all unseren Kräften, Gott – auch dienstags in der Produktion und Verwaltung des Lebens, die wir betreiben – zu entsprechen, holistisch zu leben, zu denken, zu fühlen und zu handeln, geht auf eine neue Lebensfrömmigkeit zu, die im Einklang mit der Natur steht. Sie ist an vielen Stellen zu spüren.

Einer der Grundsätze der klassischen Ästhetik sagt, daß nur, was aus unseren versammelten Kräften hervorgeht, »schön« genannt werden kann. »Alles Vereinzelte ist verwerflich«, wie Goethe sagt. Jede Isolierung einer einzelnen Potenz des Menschen, jede Überentwicklung einer Kraft auf Kosten der übrigen ist »Vereinzelung«. Die Vereinzelung der Rationalität schließt ein, daß wir unsere Leiblichkeit und unsere Emotionalität unterdrücken oder verleugnen müssen. Jeder Lebensausdruck, zum Beispiel jede menschliche Beziehung oder auch jede schöpferische Tätigkeit, soll »ganz«, das heißt alle Kräfte beteiligend sein. Je mehr von mir ich in einer Beziehung vergessen, verleugnen, verdrängen und unterdrücken muß, desto teilhafter, begrenzter und ärmer wird die Beziehung. Eindimensionalität ist der Ausdruck solcher vorherrschenden Verarmung und Zerstörung. Sie kann eine spezifische Perfektion erreichen, aber ihr fehlt die Schönheit, die aus dem Ensemble unserer Kräfte, Erfahrungen und Beziehungen stammt. Schön wird ein Mensch in der Erfahrung der Ganzheit seiner Kräfte, im unverdrängten Zusammenspiel.

Einer der Grundsätze der New-Age-Spiritualität wird von Günther Schiwy so formuliert: »Da in der Natur alles mit allem zusammenhängt und sowohl die Vergangenheit wie die Zukunft in der Gegenwart Gottes eingefaltet sind, wirst du dein begrenztes Ich-Bewußtsein zu einem unbegrenzten Selbst-Bewußtsein erweitern und daraus selbstbewußt handeln« (Internationale Pädagogische Werktagung, Salzburg 1988). Der Ausgangspunkt des Holismus ist die Natur, in der alles mit allem zusammenhängt; die Energiemenge, die ich vergeude oder denen, die bei uns den Luftraum besetzt halten, zu vergeuden erlaube, verändert die Vergangenheit etwa der Arten, die zum Aussterben verdammt sind, und diktiert die Bedingungen der Zukunft – als gehöre die Erde uns wie eine Schuhfabrik dem Fabrikbesitzer. Wenn wir uns dagegen selber als Brennpunkte des gottmenschlichen Bewußtseins im Universum begreifen, so hört das verfügende Besitzen und Benutzen als wesentliches Weltverhalten auf. Ganzheitlichkeit ist eine tiefe Verbundenheit mit allem, was lebt. Das neue Bewußtsein des »dynamischen Holismus« erfährt die implizite, eingefaltete Ordnung und lebt nach ihr.

Ich will hier drei Charakteristika der neuen Frömmigkeit benennen und zu sagen versuchen, in welchem Sinn ihre Träger anders, ganzheitlicher leben.

- Die Unwichtigkeit materieller Werte, eine für die Generationen des Mangels erstaunliche Gleichgültigkeit gegenüber materiellen Anreizen und Belohnungen, eine neue Art der Unbestechlichkeit und eine – oft vage – Suche nach Spiritualität.
- Die Skepsis gegenüber Wissenschaft und Technologie, die verstanden werden als Mittel zur Unterjochung der Natur und zur Kontrolle der Menschen. Die produktive Seite dieser Skepsis ist nicht Technikverteufelung, sondern Befürwortung »sanfter« Technologien.
- Die prinzipiell andere Einstellung zur Natur, die Bereitschaft, sie zu schützen, ja mit ihr einen Bund einzugehen gegen die lebensfeindlichen Mächte.

Die Anfragen, die von der jüdischen und christlichen Tradition her an diese neue Frömmigkeit zu stellen sind, kritisieren nicht das neue Verhältnis zur Natur, nicht das pantheistische Element, das ohne ernsthafte Korrektur des Naturimperialismus nicht denkbar ist. Anzufragen ist vielmehr von den prophetischen Traditionen der Bibel aus – das Fehlen des Elements der Gerechtigkeit. Die holistische Frömmigkeit des New Age artikuliert nicht, daß jedes Joch zerbrochen werden wird. Sie nimmt die Ganzheit von der Natur und nicht von dem erniedrigten und beleidigten »Nächsten«, zum Bilde Gottes geschaffen. Sie kritisiert zwar den neuzeitlichen Individualismus, so wie sie das atomistische Weltbild der alten Naturwissenschaft kritisiert. Aber ihrer Ganzheit fehlen die Elemente des Kampfes und des Leidens, sie erscheinen oft wie die leidensfreien Enthusiasten, die Paulus im zweiten Korintherbrief kritisiert. Wo der Geist Gottes ist, so scheinen sie zu sagen, da ist Harmonie, Ganzheit, Erfüllung, Licht in uns. Da spielen der Hunger und die, die ihn hervorrufen, keine

Rolle, da erscheint die Selbstverwirklichung als das Höchste. Für Paulus ist dies ein falscher Weg, in dem man den Weg Christi zu Gott abkürzt und das Kreuz vermeidet. Als fiele das Imperium mit seiner Rüstungs- und Verelendungsbesessenheit morgen ganz von selber zusammen! Innerhalb der biblischen Tradition jedenfalls wurde das »Gott von ganzem Herzen lieben« anders gefüllt, mit der Gerechtigkeit, die in der Tat unser ganzes Sinnen und Trachten, unsere Rationalität und unsere Emotion, unsere Phantasie und unsere Beharrlichkeit braucht.

Neuntes Kapitel
Trost und Gerechtigkeit

Noch leben wir in Babylon. Wir leben in einer reichen und gebildeten Stadt, von den neuesten Technologien und Luxusgütern umgeben, weit fort von der Stadt Jerusalem, weit fort von allem, was wir vielleicht »Heimat« nennen könnten. Vor einigen Jahren schickte mir ein Freund einen Willkommensgruß, als ich nach New York City kam. »Willkommen in Babylon am Hudson«. Noch leben wir in Babylon.

Der zweite Jesaja, der etwa um 550 vor Christus lebte, gehörte zu dem Teil des jüdischen Volkes, der aus der Heimat Jerusalem nach Babylon ins Exil verschleppt worden war. An den Wassern Babylons saßen wir und weinten, so sangen die verschleppten Juden, voller Heimweh nach Jerusalem. Der zweite Jesaja hat diese Lieder aufgeschrieben.

Dieses Exil versteht der zweite Jesaja als eine Bestrafung Gottes: Die Juden lebten in Knechtschaft und mußten Frondienste leisten, sie konnten ihre Lieder nicht singen, sie waren ein kleines Volk unter der Herrschaft von Großmächten, ohne Selbstbestimmung, ohne Souveränität. In diese Situation hinein spricht Jesaja von der Heimkehr aus dem Exil. »Tröstet, tröstet mein Volk! spricht euer Gott. Redet mit Jerusalem freundlich und predigt ihr, daß ihre Knechtschaft ein Ende hat, daß ihre Schuld vergeben ist; denn sie hat doppelte Strafe empfangen von der Hand des Herren für alle ihre Sünden.«

Gott will sein Volk trösten. Die Strafzeit soll zu Ende

gehen. Die Exilierten sollen nach Hause dürfen. Trotz der Schuld und trotz aller Vergänglichkeit, von der der Prophet weiß, spricht Gott dem Volk Trost zu. Gott spricht das ganze Volk an, nicht nur einige einzelne, die sich in einer besonders schlechten Lage befinden, sondern das Volk in Unfreiheit, das Volk unter einer militärischen Großmacht, das Volk ohne Hoffnung.

Auch wir leben in Babylon. Das Volk Gottes in Deutschland, Holland und der Schweiz lebt in Babylon. Wann werden wir nach Hause kommen aus dem waffenstarrenden Babylon und aus diesem Industrialismus in das Land, das wir früher Heimat nannten, in dem man die Äpfel vom Baum essen konnte und in den Flüssen schwimmen mochte? Auch wir leben in Babylon. Ich spreche nicht von der Mehrheit der Bevölkerung, die immer noch auf Fortschritt und Gewalt setzt und sich dem babylonischen Lebensstil angepaßt hat. Ich spreche von dem Volk Gottes, wie ich es erlebe: einer täglich wachsenden Minderheit von Menschen, die ihr Leben in diesem unserem Land wie Exilierte führen mit immer klarerem Wissen von dem Tod, der uns regiert: Wir können nicht beides haben, die Kinder und die Bomben, die allen gesicherten Grundbedürfnisse und den gigantischen Profit der Babylonier. Ich spreche von dem oft zu leisen, manchmal zu kläglichen Widerstand gegen den Mord an unserer irdischen Heimat, an unseren Geschwistern, den Tieren und Pflanzen. Ich spreche von den Christen in unserem Land, mit denen ich umgehe, den Menschen auf den Kirchentagen und in den kleinen Gemeindekreisen, den Leuten bei Greenpeace und Amnesty International, den Hunderttausenden von jungen Leuten, die keine Kinder mehr in die Welt setzen, denen die Apokalypse vor Augen steht, die mit CS-Gas behandelt werden, wenn sie sich wehren, oder die sich dem Alkohol und den Drogen ausliefern, wenn sie die Augen krampfhaft schließen. Ich spreche vom Volk Gottes in Westeuropa, von unserer Angst und unserer Ohnmacht.

Ich glaube, das Todeswissen der Bevölkerung hat sich in den letzten Jahren verzehnfacht, es läßt sich einfach nicht mehr übersehen. Was tun wir aber mit unserem Todeswissen, mit unserer Ohnmachtserfahrung, mit unserer Feigheit? Wir sitzen da wie gelähmte Kaninchen vor der Schlange. Diese Lähmung, diese Angst, dieses Bewußtsein von Ohnmacht ist das spirituelle Problem unserer Zeit. Wir glauben Christus einfach nicht, der den verzweifelten Jüngern sagte: »Alles ist möglich dem, der da glaubt.« Können wir denn dem Propheten Jesaja glauben, der dem an den Flüssen Babylons weinenden Volk sagt: Tröstet, tröstet mein Volk? Habt Mut, es kann nicht so weitergehen. Jesaja hört eine Stimme in der Wüste. Diese Stimme erinnert an die Grunderfahrung des jüdischen Volkes, das schon einmal den Auszug, das Freiwerden von Fremdherrschaft und Zwang erfahren hat, schon einmal aus der Gewalt einer militärischen Großmacht freigekommen ist. Das Volk Gottes hat seine Erinnerung an den Exodus, den Auszug aus dem Sklavenhaus in Ägypten. Und mit dieser größten Erinnerung, daß Gott sein Volk freimacht, ist die größte Vision des Volkes Israel verbunden, die Vision vom Kommen des Messias. »Tröstet mein Volk«, spricht Gott, und mit dem Trost kommt der Ruf, die Berufung. Mit der Gabe kommt die Aufgabe.

Trost und Gerechtigkeit werden in der Bibel nicht auseinandergerissen, so daß die Kirche mit den neuesten psychotherapeutischen Methoden den einzelnen Menschen ihr schweres Schicksal erleichtert und die Gerechtigkeit den führenden Industrienationen überläßt. Gott kommt nicht wie ein billiger Trost, wie ein Trostbonbon vom Himmel. Gott tröstet nicht so, daß wir irgend etwas zur Beruhigung in den Mund geschoben bekommen. Was ist denn Trost eigentlich? Als meine Kinder noch klein waren, habe ich meine dritte Tochter einmal mit einem Schokoladenhasen trösten wollen. Da sagte sie mir: »Mama, du willst mich ja nur wegtrösten!« Das habe ich nie vergessen, so entsetzt war ich über mich selber.

Aber Gott will uns nicht wegtrösten, sondern uns hertrösten, so daß wir Anteil an Gottes Macht bekommen. Jesaja sagt: »Denn die Herrlichkeit des Herrn soll offenbart werden und alles Fleisch miteinander wird es sehen; denn des Herren Mund hat's geredet.«

Die Herrlichkeit Gottes, sein Glanz, die Fülle Gottes – ich übersetze dieses geheimnisvolle Wort am liebsten mit »die Schönheit Gottes«. Trost, getröstet werden heißt nicht, daß wir etwas, ein Ding, einen Gegenstand von Gott erhalten, sondern daß wir die Schönheit Gottes, Gottes Glanz zu Gesicht bekommen. Wo sehen wir das denn, wo können wir das entdecken?

Nun, die Bibel ist ganz klar an diesem Punkt. Die Schönheit, der Glanz Gottes ist sichtbar in allen, die Gottes Weg bereiten. Die messianische Befreiungsarbeit wartet auf uns. Gott traut uns zu, daß wir den Weg des Messias bereiten. Gott sagt niemandem: Du bist nur eine kleine Hausfrau oder ein einfacher Angestellter und verstehst nichts von den komplizierten Notwendigkeiten. Bereitet den Weg Gottes, tröstet das Volk in seiner Ohnmacht, macht es zu Straßenarbeitern am Weg Gottes. Keiner ist zu klein oder zu groß, keine ist zu jung oder zu alt, zu gebildet oder unwissend. Wir alle sind von Gott beteiligt, Gott tröstet uns und wir bereiten Gottes Weg. Gottes Stimme ruft uns und wir antworten. Gottes Geist will uns mutig und wahrheitsfähig machen. Gott will in uns geboren werden.

Anmerkungen

1 Vgl. Erich Fromm: Psychoanalyse und Religion. Konstanz 1966.
2 Paul Ricoeur: Die Vatergestalt – vom Phantasiebild zum Symbol. In: P. Ricoeur, Hermeneutik und Psychoanalyse. Der Konflikt der Interpretationen II. München 1974, S. 337.
3 Vgl. Joachim Jeremias: Abba. Untersuchungen zur neutestamentlichen Theologie und Zeitgeschichte. Göttingen 1965.
4 Vgl. Paul Ricoeur, a.a.O., S. 341.
5 Vgl. Nachwort zu D. Sölle: Stellvertretung. Ein Kapitel Theologie nach dem »Tode Gottes«. Neuauflage, Stuttgart 1982.
6 D. Sölle: Vater, Macht und Barbarei. Feministische Anfragen an autoritäre Religion. In: D. Sölle: Das Fenster der Verwundbarkeit. Theologisch-politische Texte. Stuttgart 1987, S. 96–104.
7 Vgl. Mary Daly: Jenseits von Gottvater, Sohn & Co. München 1978.
8 D. Sölle: Lieben und arbeiten. Eine Theologie der Schöpfung. Stuttgart 1987, S. 12.
9 D. Sölle: Ein Volk ohne Vision geht zugrunde. Wuppertal 1986, S. 100ff.
10 Rosemary R. Ruether: Das weibliche Wesen Gottes: Ein religiöses Problem von heute. In: Concilium 3, Mainz 1981 (Thema des Heftes: Gottvater?).
11 Hieronymus-Kommentar zu Epheser 5. In: PL 26, 531ff.
12 Mary Daly: Jenseits von Gottvater, Sohn & Co. München 1980, S. 49.
13 Carter Heyward: Und sie rührte sein Kleid an. Eine feministische Theologie der Beziehung. Stuttgart 1986.
14 Vgl. Dorothee Sölle: Gott denken. Einführung in die Theologie. Stuttgart 1990

15 Elie Wiesel: Der Prozeß von Schamgorod. Freiburg 1987, S. 75.

16 Ebd., S. 115.

17 Ebd.

18 C.-F. Geyer: Leid und Böses in philosophischen Deutungen. München 1983, S. 196.

19 Meister Eckhart: Deutsche Predigten und Traktate. Hrsg. von J. Quint, München 1969, S. 133.

20 Geyer, 1983, S. 107.

21 Ebd., S. 172.

22 Ebd., S. 194.

23 W. R. Jones: Is God a White Racist?

24 Harold Kushner: When bad things happen to good people. New York 1982.

25 Dietrich Bonhoeffer: Widerstand und Ergebung. München 1954, S. 242 (Brief vom 16. Juli 1944).

26 Meister Eckhart. Hrsg. von J. Quint, S. 133.

Dorothee Sölle

Gegenwind
Erinnerungen

Bewegende Erinnerungen der engagierten Theologin. Unerschrocken hat sich Dorothee Sölle drei Jahrzehnte in Politik, Kirche und Theologie eingemischt, war sie eine der profiliertesten Sprecherinnen des "anderen Protestantismus". Mit Persönlichkeit, Kontinuität und Wärme erzählt sie aus ihrem Leben, spricht über authentisch gelebte Gottesliebe und Menschenfreundschaft und läßt ihre Leserinnen und Leser teilhaben an Kontroversen, Erfahrungen und Konfessionen, die für sie prägend gewesen sind.

320 Seiten, gebunden

Dorothee Sölle im dtv

Foto: Brigitte Friedrich

Gott im Müll
Eine andere Entdeckung Lateinamerikas

Dorothee Sölle, die engagierte Christin, hielt fest, was sie auf einer Reise durch Lateinamerika sah und erlebte. Es entstanden beeindruckende Miniaturen, die lehren, mit dem Herzen zu sehen und diesen Halbkontinent anders und neu zu entdecken.
dtv 30040

Und ist noch nicht erschienen, was wir sein werden
Stationen feministischer Theologie

Stationen einer feministischen Theologie der engagierten Theologin Dorothee Sölle, die sich am Lebendigen orientiert und der männlich »verkopften« Theologie den Kampf angesagt hat. Beiträge über Liebe und Unterdrückung, Macht und Ohnmacht.
dtv 10835

Ich will nicht auf tausend Messern gehen
Gedichte

»Wir brauchen freunde
vielleicht haben wir sie schon
viele menschen lassen sich
verlocken zum frieden
mehr als wir denken und sehen
laßt uns dem alten ruf folgen
und menschen fischen«
dtv 10651

Eugen Drewermann im dtv

Foto: Klaus Bäulke

Kleriker
Psychogramm eines Ideals
Die schonungslose Analyse des inneren Zustandes der katholischen Kirche deckt deren psychische Strukturen und unbewußte Hintergründe auf.
dtv 30010

Tiefenpsychologie und Exegese 1
Die Wahrheit der Formen
Traum, Mythos, Märchen, Sage und Legende
dtv 30376

Tiefenpsychologie und Exegese 2
Die Wahrheit der Werke und der Worte
Wunder Vision, Weissagung, Apokalypse, Geschichte, Gleichnis
dtv 30377

»Ich steige hinab in die Barke der Sonne«
Meditationen zu Tod und Auferstehung
Quer durch die abendländische Literatur-, Geistes- und Religionsgeschichte spürt Drewermann dem uralten und seit je zentralen Menschheitsthema Tod und Hoffnung auf Unsterblichkeit, auf Auferstehung nach.
dtv 30437

Lieb Schwesterlein, laß mich herein
Grimms Märchen tiefenpsychologisch gedeutet
dtv 35050

Rapunzel, Rapunzel, laß dein Haar herunter
Grimms Märchen tiefenpsychologisch gedeutet
dtv 35056

Natur und Umwelt

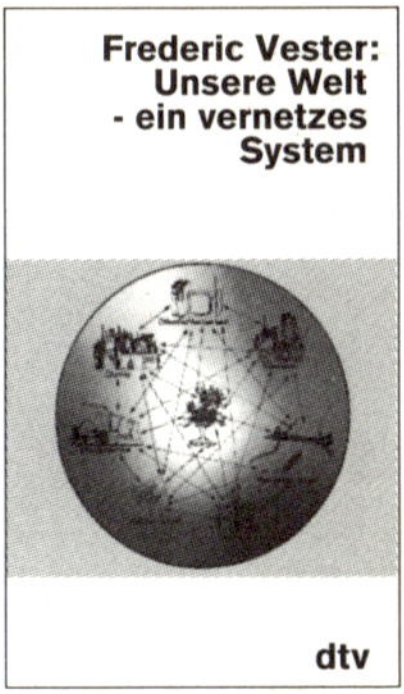

Maureen & Bridget Boland:
Was die Kräuterhexen sagen
Ein magisches Gartenbuch
dtv 10108

Jürgen Dahl:
Nachrichten aus dem Garten
Praktisches, Nachdenkliches und Widersetzliches aus einem Garten für alle Gärten
dtv/Klett-Cotta 30077

Zeit im Garten
Zwölf Gänge durch den Garten am Lindenhof und anderswo
dtv 30391

Dieter Heinrich / Manfred Hergt:
dtv-Atlas zur Ökologie
Mit 116 Farbtafeln
dtv 3228

Henry Hobhouse:
Fünf Pflanzen verändern die Welt
Chinarinde, Zucker, Tee, Baumwolle, Kartoffel
dtv / Klett-Cotta 30052

Edith Holden:
Vom Glück, mit der Natur zu leben
Naturbeobachtungen aus dem Jahre 1906
dtv 30049

Die schöne Stimme der Natur
Naturerlebnisse aus dem Jahre 1905
dtv 30027

Frederic Vester:
Unsere Welt – ein vernetztes System
dtv 10118

Neuland des Denkens
Vom technokratischen zum kybernetischen Zeittafel
dtv 10220

Ballungsgebiete in der Krise
Vom Verstehen und Planen menschlicher Lebensräume
dtv 30007

MannsBilder im dtv

Absender: Dein Sohn
Briefe an den Vater
Herausgegeben von Wilfried Wieck
dtv 30466

Philip Roth:
Mein Leben als Sohn
Eine wahre Geschichte
dtv 11965

Klaus Theweleit:
Männerphantasien
Band 1:
Frauen, Fluten, Körper, Geschichte
dtv 30461
Band 2:
Männerkörper – zur Psychoanalyse des weißen Terrors
dtv 30462

MannsBilder von Frauen
dtv 11720

MannsBilder von Männern
dtv 11721

Camille Paglia:
Die Masken der Sexualität
dtv 30454

Esther Vilar:
Der dressierte Mann
Das polygame Geschlecht
Das Ende der Dressur
dtv 30072

David G. Gilmore:
Mythos Mann
Wie Männer gemacht werden
Rollen, Rituale, Leitbilder
dtv 30354

Wassilios E. Fthenakis:
Väter
Band 1:
Zur Psychologie der Vater-Kind-Beziehung
Band 2:
Kind-Beziehung in verschiedenen Familienstrukturen
dtv 15046

Peter Schellenbaum:
Homosexualität im Mann
Eine tiefenpsychologische Studie
dtv 35079

Loren E. Petersen:
Das Weibliche im Mann
Eine Psychologie des Mannes
dtv 35083